Horst Straßburg

Neues Mixbrevier

Horst Straßburg

Neues Mixbrevier

575 praxiserprobte Mixrezepte mit oder ohne Alkohol
mit 20 Farbbildern

Dritte, wesentlich erweiterte
und verbesserte Auflage

Hugo Matthaes Druckerei und Verlag GmbH & Co. KG Stuttgart

ISBN 3-87 516-162-0

Bilder: Langnese-Iglo (11), Horst Straßburg (9), Umschlagfoto: Fotoatelier Kellner & Sonnenberg

3. Auflage

Printed in Germany
Herstellung einschließlich der Reproduktionen:
Hugo Matthaes Druckerei und Verlag GmbH & Co. KG, Stuttgart

Vorwort

Fachleuten und Freunden gemixter Getränke soll dieses Buch zu bestimmten Anlässen eine Übersicht und Anleitung bieten. Bisher unbekannte Getränke lassen sich mit diesen Rezepten schnell zubereiten und bereits bekannte damit verbessern. Durch originelle Garnituren können die Portionen optisch und geschmacklich verfeinert werden. Die Rezepte sollen auch Anstoß geben, eigene Mixturen zu „erfinden", und eine Hemmschwelle abbauen helfen, denn Mixen ist „in".

Mixgetränke haben das ganze Jahr über Saison. Sie sind vor dem Essen und nach dem Essen, am Nachmittag und auch bei einem Empfang gefragt. Anlaß und Gästekreis bestimmen, ob sie mit oder ohne Alkohol, mit Fruchtsaft oder Milch zubereitet werden.

Getränke mit Milch sind nicht nur für die Jugend ein Genuß, sondern auch aktuelle Getränke für Erwachsene, wie z. B. Autofahrer. Eine zunehmende Zahl an Milchbars und Angebote in guten Cafés beweisen dies.

Alkoholische Mixgetränke erfreuen sich schon seit Jahrzehnten in Hotels und Bars großer Beliebtheit. Barkeeper werden oftmals in die Rolle eines Beichtvaters gedrängt.

Neu hingegen sind die vielen Arten an Mixgetränken auf der Grundlage von Obst oder Gemüse in Form von Saft, Konzentrat oder Sirup. Auch exotische Fruchtsäfte kommen auf den Markt und werden bekannt gemacht. Dadurch entstehen neue Variationen von Drinks, die selbst in die Hotelbars, die früher nur alkoholische Mixgetränke angeboten haben, Eingang finden. Im privaten Kreis bilden alkoholfreie Partys längst keine Ausnahme mehr. Motorisierte Besucher können sich dadurch unbeschwert den Genüssen hingeben.

Mixgetränke können aufbauen, stärken und erfrischen. Mit den gesunden Zutaten Honig, Malz, Milch, Fruchtsaft, Speiseeis, Sanddorn, aber auch mit Tee und Kaffee kann Köstliches gemixt werden. Weine, Liköre und Brände erweitern den Spielraum für eigene Rezepte.

Dieses Buch bietet einen Querschnitt durch die beliebtesten Arten der Mixgetränke. Sie können mit Schneebesen, Gabel, Shaker, Mixquirl oder dem Mixgerät hergestellt werden und lassen der Phantasie weiten Spielraum. Probieren Sie mit diesem Buch, und „erfinden" Sie selbst etwas Gemixtes! Viel Freude dabei wünscht Ihnen

Horst Straßburg
Konditormeister und Koch

Inhalt

Bargeräte, Bargläser

Schüttelbecher oder Shaker:	Metallbecher sind zum Schütteln der Getränke am besten geeignet. Sie bringen besondere Showeffekte.
Handmixgeräte oder Mixer:	Standgeräte oder Haushaltsgeräte sind für schnelles Mischen unterschiedlicher Zutaten besonders gut.
Mixbecher:	aus Metall zum Verrühren der Zutaten mit Mixer oder Barlöffel.
Barsieb:	zum Abseihen der Flüssigkeit und Zurückhalten von Eis usw.
Barlöffel:	ein langer Stiellöffel zum Verrühren der Zutaten oder für die Gäste zum Löffeln von Spezialitäten in hohen Limostangen usw.
Eiskübel:	für die Aufbewahrung von Eiswürfeln.
Schneidebrett:	zum Schneiden von Obst, Garnituren usw.

Obstbehälter, Obstmesser, Obstgabel, Flaschenöffner, Muskatreibe, Milchbehälter, Saughalme, Eiszange, Tücher, Abfallbehälter.

Likörgläser	25 ml	Sektschalen	100–150 ml
Südwein- oder Dessertgläser	50 ml	Sektkelche	75–175 ml
Cocktailgläser	65 ml	Ballongläser	250 ml
Schwenker	65–100 ml	Limonadengläser	200 ml
Flipgläser	100–150 ml	Bowlengläser	200 ml
Tumbler	100–175 ml	Punschgläser	200 ml

Wenn Sie mit vorhandenen Zutaten ein spezielles Mixgetränk bereiten wollen, schlagen Sie bitte im Register am Schluß des Buches nach. Die geschmackgebenden Zutaten sind dort in alphabetischer Reihenfolge aufgeführt.

Cocktails

Die Cocktails kommen aus Amerika und haben ihren Siegeszug bereits hinter sich. Seit vielen Jahren erhält man in den Hotelbars sehr individuelle Cocktails, und die Barmixer der großen Häuser gehen ganz speziell auf die Besucher ein. Sie sind wahre Meister in der Zusammenstellung von Rezepturen, und als gute Psychologen erkennen sie die Wünsche ihrer Gäste.

Der Name Cocktail kommt von den Hahnenkampf-Volksfesten in Amerika. Der Sieger bekam vom unterlegenen Hahn eine Schwanzfeder als Trophäe. Diese wurde dann gebührend „begossen". Die Getränke dazu mußten so bunt sein wie eine Hahnenfeder und wurden aus den verschiedensten Alkoholsorten gemixt.

Heutige Cocktails bestehen aus mehreren Spirituosen und Ingredienzen. Man unterteilt sie in drei verschiedene Gruppen. Jede Mixtur hat nach dem Genuß eine andere Wirkung, und der Gast kann seine Wünsche darauf einstellen. Folgende Cocktailarten unterscheidet man:

Before-Dinner-Cocktail	– zum Appetitanregen
After-Dinner-Cocktail	– zur besseren Verdauung
Medium-Cocktail	– zur Erfrischung und Unterhaltung

Je nach Art und Zusammensetzung werden Cocktails gemischt, d. h., die Zutaten werden mit einem Barlöffel im Mischglas verrührt oder im Mixbecher mit oder ohne Roheiswürfel geschüttelt (shaken) und ins Glas geseiht.

Das Cocktailglas faßt 65 ml. Die Cocktailmenge soll jedoch 50 ml nicht überschreiten. Nur bei Longdrinks wird die Grundmenge beliebig mit Roheiswürfeln, Sekt, Sodawasser o. ä. aufgefüllt.

Magenöffner

20 ml Cinzano Dry
10 ml Gin
20 ml Orangensaft
10 ml Grenadine

Eiswürfel in einen Mischbecher geben. Darüber alle Zutaten geben, mit dem Barlöffel verrühren und ins Glas seihen.

Jaffa

1 Dash Angostura
20 ml Martini Bianco, dry
10 ml Cointreau
10 ml Zitronensaft
20 ml Orangensaft

Eiswürfel in den Becher geben, darüber die Zutaten mischen und ins Glas seihen. Mit Zitronenschale abspritzen.

Francie

30 ml italienischer Wermut
15 ml Orangensaft
15 ml Zitroneneislikör

Zutaten mit Eiswürfeln schütteln und Zitronenscheibe an das Glas stecken.

Martin

20 ml Martini Bianco, dry
10 ml Gin
Eiswürfel

Im Shaker kurz schütteln und in eine Sektschale füllen. Mit Sekt aufgießen.

Amarena

30 ml Cinzano Bianco
12 ml Cherry Brandy
12 ml Kirschsaft
6 ml Zitronensaft
1 Dash Kirschwasser

Eiswürfel in einen Schüttelbecher geben, Zutaten hinzufügen und schütteln. Durch ein Sieb in ein Cocktailglas einfüllen. Mit Zitronenschale abspritzen und Cocktailkirsche am Spieß dazugeben.

Ananas

20 ml italienischer Wermut
20 ml Ananassaft
20 ml Daiquiri

Eis einfüllen, Zutaten dazugeben und verrühren. Mit Zitrone abspritzen.

Eschi

15 ml Ebereschenlikör
15 ml Weinbrand
30 ml Sherry
1 Dash Angostura

Die Zutaten mit Eis im Becher verrühren. Durch ein Sieb ins Glas gießen.

Prünelli

15 ml Prunelle 40 %
15 ml Weizenkorn
15 ml Zitronensaft
15 ml Wermut, trocken

Im Schüttelbecher die Zutaten mit Eiswürfeln mixen, mit Zitrone abspritzen. Kleine Pflaume am Spieß in ein Glas geben.

Apple

20 ml Weinbrand
10 ml Grenadine
10 ml Zitronensaft
20 ml Martini Bianco

Die Zutaten mit dem Eis schütteln und durch ein Sieb seihen.
Mit Zitronenschale abspritzen.

Blue Zitro

15 ml Blaue Zitrone
30 ml Sherry
15 ml französischer Wermut

Mit Eiswürfeln verrühren und durch ein Sieb in Gläser füllen.
Zitronenspirale einhängen.

Banana

15 ml Bananavit
15 ml Campari
15 ml Zitronensirup
15 ml weißer Rum

Über Eiswürfel in den Shaker geben und schütteln. Durch Sieb in Gläser füllen. Bananenscheibe und Kirsche am Spieß hinzufügen.

Floride

30 ml Wermut, trocken
15 ml Daiquiri
15 ml Grapefruitsaft

Über die Eiswürfel die Zutaten geben und verrühren.
Durch ein Sieb in ein Cocktailglas eingießen.

Empfangs-Sektcocktail

20 ml Orangensaft
40 ml Sekt

Old Man

1 Stück Würfelzucker
1 TL Zitronensaft
1 Dash Angostura

In eine Sektschale geben und mit Sekt auffüllen.

Pepperman

10 ml Pfefferminzlikör

In eine Sektschale geben, mit Sekt auffüllen.

Champagner Royal

10 ml Cassislikör

In einer Sektschale mit Zitronenschale abspritzen und mit Sekt auffüllen.

Hotte

20 ml Cinzano Bianco
3—4 Eiswürfel

In eine Sektschale geben und mit Sekt auffüllen.

Maracuja

40 ml Maracujasaft
20 ml weißer Rum
Sekt
Eiswürfel

Im Shaker kurz schütteln. In ein Cupglas abseihen und mit Sekt auffüllen.

Champagne

20 ml Weinbrand
10 ml Zitronensaft
1 Stück Würfelzucker
1 Zitronenecke

Würfelzucker in ein Stielglas geben, darauf Weinbrand und Zitronensaft gießen. Mit Champagner auffüllen. Zitronenecke in Sandzucker tauchen und ans Glas stecken.

Roma

20 ml Campari
20 ml Orangensaft

Mit Eiswürfeln im Shaker schütteln, in eine Sektschale abseihen und mit Sekt auffüllen.

Grüne Banane

30 ml grüner Bananenlikör
20 ml Wermut, weiß
10 ml Wodka

Auf Eis schütteln, abseihen, mit Bananenspieß garnieren.

Pamus

20 ml Campari
30 ml Pampelmusensaft
1/2 TL Vanillezucker
Eiswürfel

Im Shaker schütteln, in eine Sektschale geben und mit Sekt auffüllen.

Minze

15 ml Pfefferminzlikör
15 ml Weinbrand
30 ml Cinzano Rosso

Auf Eis im Shaker schütteln. Durch ein Sieb ins Cocktailglas füllen.

Jaffa

30 ml Cointreau
20 ml Orangensaft
10 ml weißer Rum

Über Eis schütteln, mit Orangenschale garnieren.

Blauer Hai

30 ml Curaçao blue
10 ml Zitronensaft
20 ml Eisweizenkorn

Über Eis schütteln, Limonenscheibe in Zucker.

Seemann

20 ml Danziger Goldwasser
20 ml Ingwerlikör
20 ml Korn

Über Eiswürfel gießen und im Shaker schütteln.

Schippers

20 ml Doornkaat
20 ml Asentrunk
20 ml Zinn

Mit Eiswürfeln schütteln, in Gläser seihen, mit Zitrone abspritzen.

Schotte

20 ml Scotch Whisky
20 ml Bananavit-Soft-Drink
20 ml Sherry

Eiswürfel und Zutaten im Shaker schütteln. In Gläser seihen, Bananenscheibe einlegen.

Mia

20 ml Gin
20 ml Apricot Brandy
20 ml Daiquiri

Im Shaker mit Eiswürfeln schütteln.

Catel

20 ml Popocatepetl
20 ml Eisweizenkorn
20 ml Weinbrand

Im Mischbecher mit Eiswürfeln verrühren. In ein Cocktailglas seihen.

Sandy

20 ml Boonekamp
20 ml Zitronenlikör
20 ml Wodka

Über Eiswürfel geben und im Shaker schütteln. Mit Zitrone abspritzen.

Nordland

15 ml Gin
15 ml Aquavit
30 ml Nordhäuser

Im Glas mit Eiswürfeln verrühren.

Anne

20 ml Anisette
20 ml Zinn
20 ml Weinbrand

Mit Shaker auf Eiswürfeln schütteln. In Gläser seihen.

Marasa

20 ml Marsala
20 ml Curaçao
20 ml Cognac

Eiswürfel und Zutaten im Shaker schütteln und in ein Glas seihen. Mit Orangenschale abspritzen.

Jacky

20 ml Bourbon-Whiskey
20 ml Weinbrand
20 ml Doppelkorn

Im Mischbecher mit Eiswürfeln verrühren und in ein Cocktailglas seihen.

Calvana

15 ml Calvados
15 ml Sanddornlikör
30 ml Doornkaat

Im Mischbecher mit Eiswürfeln schütteln und in Gläser seihen. Mit Zitrone abspritzen.

Gambarotta

30 ml Gambarotta-Kräuterhalbbitter
15 ml Weinbrand
15 ml Korn
Eiswürfel

Im Shaker schütteln, ins Glas seihen, Spritzer Zitrone obenauf geben.

Barry

15 ml Sherry, trocken
15 ml Schwarzer Kater
15 ml Wodka
15 ml Eisweizenkorn

Mit Eiswürfeln im Shaker schütteln, in Gläser seihen und mit Zitrone abspritzen.

Cardinal

30 ml Cynar
15 ml Cinzano Rosso
15 ml Schlehe mit Wodka
Eiswürfel
Kirsche am Spieß

Im Shaker schütteln, ins Glas seihen, Kirsche hineingeben.

Orange

30 ml Orange mit Wodka
15 ml Campari Bitter
15 ml Cinzano Extra Dry
Eiswürfel

Im Shaker schütteln, ins Glas seihen. Orangenscheibe ans Glas stecken.

Amande

30 ml Amaretto di Saronno
15 ml Jägermeister
15 ml Cognac
Eiswürfel

Im Shaker schütteln, in ein Cocktailglas seihen, mit Orangenschale abspritzen.

B und B

30 ml B-und-B-Likör
30 ml Sherry
Eiswürfel

Im Shaker schütteln, ins Glas seihen, mit Zitronenschale abspritzen.

Bénédict

30 ml Bénédictine
30 ml Martini, dry
Eiswürfel

Im Shaker schütteln und ins Glas seihen.

Distel

30 ml Cynar
15 ml Cinzano Bianco
15 ml Doornkaat
Eiswürfel

Im Shaker schütteln, ins Glas seihen, mit Zitronenschale abspritzen.

Pipper

30 ml Pippermint Get
15 ml Martini, dry
15 ml Lemon mit Rum
Eiswürfel

Im Shaker schütteln, ins Glas seihen.

Adamos

15 ml Bacardi-Rum
15 ml Zitronenlikör
15 ml Orangensaft
15 ml Weinbrand

Mit Eiswürfeln schütteln. In Gläser seihen und Zitronenspirale an das Glas hängen.

Caati

15 ml Advocaat
15 ml Weinbrand
15 ml Rum
15 ml Martini Bianco

Im Schüttelbecher mit Eiswürfeln schütteln. Durch ein Sieb ins Glas geben.

Floride

20 ml Cointreau
20 ml Maracuja
20 ml Bourbon-Whiskey

In einen Schüttelbecher über Eiswürfel geben und schütteln.

Cherry

15 ml Cherry Brandy
15 ml Cognac
15 ml Zitronensaft
15 ml Arrak

Mit Eiswürfeln im Shaker schütteln. In Gläser seihen und eine kleine Scheibe Zitrone mit Cocktailkirsche am Spieß ins Glas geben.

Kabula

20 ml Crème de Cacao
20 ml Wodka
20 ml kondensierte Milch oder Kaffeesahne

Im Mixbecher über Eiswürfel geben und schütteln. In Gläser seihen, Prise Kakao überstreuen.

Tell's Apple

20 ml Tells Apfelkorn
20 ml Gin
20 ml Zitronenlikör

Mit Eiswürfeln im Mischbecher verrühren und in Gläser seihen.

Nucci

20 ml Nußvocaat
20 ml Eisweizen
20 ml Rum

Im Mixbecher mit Eiswürfeln schütteln. In ein Glas seihen.

Nut

30 ml Kakao mit Nuß
30 ml Eisweizen
Eiswürfel

Im Shaker schütteln, ins Glas seihen. Mit Zitronenschale abspritzen.

Charly

15 ml Chartreuse, grün
20 ml Cognac
20 ml Bourbon-Whiskey

Mit Eiswürfeln im Shaker schütteln, in Gläser seihen und mit Zitronenschale abspritzen.

Boby

20 ml Williamsbirnenlikör
20 ml Weizenbrand
20 ml Wright's Bitter-Orange

Im Shaker mit Eiswürfeln verrühren. Ins Cocktailglas eine Mandarinenspalte am Spieß geben.

Blacky

20 ml Schwarzroter Korn mit Johannisbeeren
20 ml Scotch Whisky
20 ml Cointreau

Mit Eiswürfeln im Shaker verrühren und durch ein Sieb seihen.

Zwetschki

30 ml Armagnac
30 ml Ricard
Eiswürfel
1 Trockenpflaume am Spieß

Im Shaker schütteln, ins Glas seihen und Pflaume (Zwetschge) einlegen.

Calvi

20 ml Calvados
20 ml Apfelkorn
20 ml Martini, dry
Eiswürfel
1 Stück Apfel am Spieß

Im Shaker schütteln, ins Glas seihen, Apfelstück ins Glas stellen.

Kolibri

30 ml Grapefruit-Ananas mit Wodka
30 ml Wermut
1 Stück Ananas am Spieß
Eiswürfel

Im Shaker schütteln, ins Glas seihen, Ananasstück einlegen.

Perni

30 ml Pernod
15 ml Korn
15 ml Anisette
Eiswürfel
1 Olive am Spieß

Im Shaker schütteln, ins Glas seihen, Olive einlegen.

Mandel

30 ml Maraschino
15 ml Puschkin, sour
15 ml Kirsch mit Rum
Eiswürfel
Kirsche am Spieß

Im Shaker schütteln, abseihen und Kirsche ins Glas geben.

Paradies

20 ml Maracuja-Orange mit Wodka
20 ml Rum
20 ml Korn
Eiswürfel

Im Shaker schütteln, ins Glas seihen.

Cassis

30 ml Cassislikör
15 ml Korn
15 ml Blaue Zitrone
Eiswürfel

Im Shaker schütteln, ins Glas seihen.

Cat

15 ml Schwarzer Kater
15 ml Gordon's Gin
15 ml Sherry, dry
15 ml Zitronenlikör

Im Shaker mit Eiswürfeln schütteln und in Cocktailgläser seihen. Mit Zitrone abspritzen.

Moosbeer

30 ml Moosbeerenlikör
15 ml Weizenkorn
15 ml Sherry, dry
Eiswürfel

Im Shaker schütteln, ins Glas seihen.

Grüne Hölle

30 ml Green-Bananas-Likör
20 ml Gin
10 ml Wermut, trocken
Spritzer flüssiger Pfeffer
Zitronensaft

Über Eis in Shaker schütteln, über das Glas Bananenscheiben am Spieß, evtl. mit Kirschen; Banane mit Zitronensaft begießen, damit sie nicht oxidiert.

Puschi

20 ml Wodka
20 ml Kirsch mit Rum
20 ml Korn

Über die Eiswürfel im Shaker die Zutaten geben und verrühren, dann in ein Glas eine Cocktailkirsche einlegen und den Cocktail einfüllen.

Doka

15 ml Dokator-Kräuterlikör
15 ml Grapefruit mit Wodka
15 ml Weinbrand
15 ml Cinzano Bianco
Eiswürfel

Im Shaker schütteln, ins Glas seihen.

Limette

30 ml Triple sec
20 ml Tequila
10 ml Limettensaft

Im Shaker über Eis schütteln, evtl. den Glasrand mit einer Zitronenscheibe befeuchten und in Salz tunken (Cocktail wird salzig getrunken), Olive einlegen.

Capri

30 ml Campari
20 ml Cointreau
10 ml Gin

Mit Eis schütteln, in ein Glas seihen, Kirschgarnitur.

Barimba

30 ml Amaretto di Saronno
20 ml Maraschino
10 ml Martini, dry

Über Eis im Shaker schütteln, ins Glas seihen. Eine geschälte Mandel einlegen.

Grand Ma

30 ml Grand Marnier
20 ml Martini Rosso
1 TL Orangenkonzentrat

Über Eis schütteln, Orangenspalte ans Glas stecken.

Williams

30 ml Williamsbirne
20 ml Cognac
10 ml Bénédictine

Zutaten mit Eis schütteln, ins Glas seihen, mit Olivenspieß garnieren.

Cujamaja

30 ml Cuja-Cuja Tropical
20 ml Grand Marnier
10 ml Orangensaftkonzentrat

Im Shaker schütteln, ins Glas seihen, mit einer Orangenscheibe garnieren.

Béné

30 ml Bénédictine und Brandy
20 ml Martini, dry
10 ml Himbeergeist

Im Shaker mit Eis schütteln, mit Minzeblatt servieren.

Säfte-Cocktails

Nicht jeder Gast läßt sich von süßen Sachen locken, aber für ein rassiges, erfrischendes Vitamingetränk ist bestimmt jedermann zu haben.

Diese Cocktails aus vitaminreichem Obst und Gemüse sind nicht nur erfrischend, sondern auch bekömmlich und gesundheitsstärkend.

Ob süß oder sauer, durch gutes Würzen des frisch gepreßten Saftes und Mischen der verschiedenen Säfte bekommen wir köstlich schmeckende Cocktails. Beim Schütteln im Shaker dürfen wir das Roheis nicht vergessen, damit wir die Säfte wirklich eisgekühlt servieren können.

Eine Eiskremzugabe nach dem Schütteln der Obstsäfte paßt zu manchem Cocktail.

Zur Herstellung der frischen Obst- oder Gemüsesäfte ist eine Fruchtpresse oder ein Entsafter erforderlich.

Den Gemüsesäften werden die verschiedensten Würzkräuter gehackt oder als größeres Stück zur Garnierung beigegeben. Je nach Saft kann man abgeriebene Orangen- oder Zitronenschale verwenden. Ein Hauch Muskat, Paprika oder Pfeffer ergibt oft den letzten Pfiff. Gehackter Schnittlauch oder gewiegte Petersilie sieht als Garnierung hübsch aus und schmeckt gut.

Die Saftausbeute von 125 g Gemüse beträgt bei:

Spinat	ca. 50 ml	Karotten	ca. 60 ml
Rettich	ca. 60 ml	Gurken	ca. 90 ml
Radieschen	ca. 60 ml	Tomaten	ca. 65 ml

Es werden Ihnen von diesen Rezepten sicher einige gefallen. Mixen Sie munter drauflos.

Apfel-Cocktail

	Eiswürfel
50 ml	Apfelsaft
25 ml	Birnensaft
1 EL	Zitronensaft
1 EL	Zucker
	mit Zitronenschale abspritzen

Kirsch-Cocktail

	Eiswürfel
40 ml	Kirschsaft
40 ml	Johannisbeersaft
1 TL	Zitronensaft

Orangen-Cocktail

	Eiswürfel
50 ml	Orangensaft
25 ml	Zitronensaft
1 EL	Erdbeermark
1 EL	Zucker
	mit Orangenschale abspritzen

Ananas-Cocktail

	Eiswürfel
50 ml	Ananassaft
10 ml	Zitronensaft
20 ml	Grand Marnier
1 TL	Zucker
1	Stück Ananas am Spieß

Pflaumen-Cocktail

100 ml	Pflaumensaft
1	Prise Zimt
25 ml	Vanilleeis
25 ml	Zitroneneis
10 g	Sahnegarnierung
	Pflaume

Johannisbeer-Cocktail

	Eiswürfel
50 ml	schwarzer Johannisbeersaft
20 ml	Johannisbeerlikör
20 ml	Apfelsaft
1 TL	Zucker
1	Prise Zimt aufstreuen

Grapefruit-Cocktail

	Eiswürfel
50 ml	Grapefruitsaft
20 ml	Himbeersaft

Himbeer-Cocktail

	Eiswürfel
40 ml	Himbeersaft
40 ml	Zitronensaft
10 ml	Wodka
	mit Zitronenschale abspritzen

Birnen-Cocktail

100 ml	Birnensaft
50 ml	Zitroneneis
10 g	Sahnegarnierung
1	Prise Zimt
	Birnenscheibe

Kirsch-Cocktail

100 ml	Kirschsaft
25 ml	Zitroneneis
25 ml	Vanilleeis
10 g	Sahnegarnierung
	Kirschen

Trauben-Cocktail

100 ml	roter Traubensaft
50 ml	Vanilleeiskrem
10 g	Sahnegarnierung
	Weinbeeren

Pfirsich-Cocktail

	Eiswürfel
50 ml	Pfirsichsaft
20 ml	Zitronensaft
20 ml	Cointreau
1 TL	Zucker
	mit Orangenschale abspritzen

Kiwi-Cocktail

2 Portionen

1	Kiwi, frisch oder Dosenware
40 ml	Cognac
1 TL	Zitronensaft
40 ml	Zitronensprudel

Kiwi durch ein Sieb passieren oder mit elektrischem Mixer pürieren. Zitronensaft, Sprudel und Cognac dazugeben, kurz mixen, in Cocktailgläser einfüllen.

Granatapfel-Cocktail

40 ml Grenadine
80 ml Apfelsaft
1/2 TL Zitronensaft
Eiswürfel

Im Shaker schütteln, ins Glas seihen.

Lychee-Cocktail

2 Portionen

100 g Lychee (Dosenware)
100 ml Apfelsaft
2 EL Zitronensaft
1 EL Fruchtzucker

Alle Zutaten im Mixer pürieren, abseihen und in Gläser eingießen.

Maracuja-Cocktail

60 ml Maracujanektar (reiner Saft)
40 ml Maracuja-Orange mit Wodkalikör
1/2 TL Zitronensaft
1 Orangenscheibe am Spieß
Eiswürfel

Im Shaker schütteln, ins Glas seihen. Orangenscheibe einlegen.

Maracujasaft-Cocktail

30 ml Maracujasirup
120 ml Buttermilch
1 EL Honig

Mit dem Mixquirl mixen. Eine gelbe Belegkirsche auflegen.

Mango-Cocktail

3 EL Mangostücke, frisch oder Dosenware
20 ml Zitronenlikör
1 TL Vanillezucker
40 ml Orangensaft

Mangostücke passieren oder im Mixer pürieren. Alle Zutaten hinzufügen, kurz mixen und ins Glas geben. Evtl. ein Mangostück ins Glas legen.

Bunter Cocktail

200 ml Kefir
40 ml Zitronensaft
1 EL Petersilie, tiefgekühlt
1/2 EL Dill, tiefgekühlt
1 EL Schnittlauch, tiefgekühlt
1/2 EL Provencekräuter, tiefgekühlt
20 ml Wermut
Salz, Pfeffer

Avocado-Cocktail

3 Portionen

1/2	Avocado
100 ml	Nußvokaat
100 ml	Weinbrand
1 TL	Zitronensaft
50 ml	Apfelsaft

Avocado halbieren, schälen, mit den anderen Zutaten in einen Mixer geben, kurz und keinesfalls zu schaumig mixen.

Kaki-Cocktail

3 Portionen

1	reife Kaki
100 ml	Apricot Brandy
100 ml	Weißwein
1 TL	Vanillezucker

Kaki schälen und mit allen Zutaten im Mixer pürieren. In die Gläser seihen.

Muhkuh-Cocktail

1 EL	Orangensaftkonzentrat
120 ml	Buttermilch
1 TL	Fruchtzucker

Mit dem Mixquirl 20 Sekunden quirlen. Orangenscheibe ans Glas stecken.

Feigen-Cocktail

2 Portionen

100 g	Feigen (Dosenware)
100 ml	Weißwein
30 ml	Feigenlikör
1 EL	Vanillezucker

Alle Zutaten im Mixer pürieren, abseihen. In Gläser einfüllen. Evtl. Feige am Spieß einlegen.

Melonen-Cocktail

4 Portionen

300 g	Wassermelone
100 ml	Korn mit Johannisbeer
1 TL	Vanillezucker
1/2 TL	Zitronensaft

Alle Zutaten im Mixer pürieren. In Cocktailgläser seihen.

Blue Cocktail

4 EL	Heidelbeeren, tiefgekühlt
4 EL	Joghurt
80 ml	Buttermilch
1 EL	Honig

Mit dem Mixquirl mixen. Einige Heidelbeeren obenauf geben.

Guaven-Cocktail

60 ml Guavennektar (reiner Saft)
30 ml Zitronenlikör
Eiswürfel
1 Zitronenschalenspirale

Im Shaker schütteln, ins Glas seihen. Spirale am Stäbchen einlegen.

Tropen-Cocktail

4 Portionen

100 ml Orangensaft
1 große Banane
1 Päckchen Vanillezucker
100 ml Mineralwasser mit Zitrone

Alle Zutaten in einen Mixer einfüllen und etwa 20 Sekunden mixen.
Mit Bananenscheiben und ungeschälter Orangenscheibe garnieren.

Frühjahrs-Cocktail

3 EL Sanddornsirup
120 ml Kefir
1 EL Honig

Mit dem Mixquirl kurz mixen.
1 EL Weizenkeime aufstreuen.

Tomaten-Cocktail

Eiswürfel
70 ml Tomatensaft
1 EL Zitronensaft
Salz, Zucker, Paprika, Muskat aufstreuen

Rettich-Cocktail

Eiswürfel
50 ml Rettichsaft
30 ml Apfelsaft
1 Prise Pfeffer, Salz, Zucker, Paprika

Radieschen-Cocktail

Eiswürfel
60 ml Radieschensaft
20 ml Karottensaft
1 Prise Salz, feingeriebener Thymian

Gurken-Cocktail

Eiswürfel
60 ml Gurkensaft
20 ml Zitronensaft
1 Prise Salz, Fondor, feingehackter Dill

Tomato-Cocktail

200 ml Sauermilch
150 ml Tomatensaft
1 EL Schnittlauch, tiefgekühlt
1 EL Petersilie, tiefgekühlt
1/2 EL Dill, tiefgekühlt
Diätsalz, Pfeffer, Paprika

Alle Zutaten mit dem Mixquirl etwa 20 Sekunden mixen.

Kresse-Cocktail

Eiswürfel
50 ml Kressesaft
30 ml Apfelsaft
Suppenwürze, Salz, Zucker

Paprika-Cocktail

Eiswürfel
40 ml Gurkensaft
20 ml Karottensaft
20 ml Rettichsaft
1 TL Paprikamus

Feingehackten Schnittlauch aufstreuen, Glasrand anfeuchten und mit süßem Paprika einen Rand geben.

Mandelmilch-Cocktail

3 Portionen

75 g Marzipan in Stücken
100 ml Läuterzucker
20 ml Arrak
1 TL Grenadine

Alle Zutaten im Mixer etwa 30 Sekunden quirlen.
In die Gläser Cocktailkirschen am Spieß einlegen.

Karotten-Cocktail

Eiswürfel
40 ml Karottensaft
40 ml Tomatensaft
3 Tropfen Zitronensaft
3 Tropfen Suppenwürze
1 Messerspitze Senf
1 Prise Salz

Spinat-Cocktail

Eiswürfel
50 ml Spinatsaft
20 ml Apfelsaft
1 TL Zitronensaft
1 Prise Salz, Zucker
mit Zitronenschale abspritzen

Longdrinks

Sehr erfrischende Getränke sind die vielfältigen Longdrinks. Sie gehören strenggenommen zu den Cocktails, sind also Mischungen verschiedener Likör- und Brandysorten mit Sekt, Mineralwasser, Cola, Limonade, Tonic water, Obstsaft usw.

Man mischt im Glas mit einem Barlöffel die Zutaten je nach Alkoholsorten mit oder ohne Eis. Eine Garnitur dazu erfreut das Auge.

Je nach Wunsch serviert man entweder den fertigen Longdrink oder das unaufgefüllte hohe Stielglas zusammen mit einer kleinen Flasche Sekt, Mineralwasser o. ä.

Florida

20 ml Grand Marnier
20 ml Arrak
20 ml Weinbrand
Sekt

Zutaten im Shaker verrühren. Eiswürfel ins Glas geben, dazu eine Mandarinenspalte und eine Cocktailkirsche. Den Cocktail darübergießen und Glas nach Belieben auffüllen.

Bally

40 ml Eierlikör
40 ml Zitronenlikör
Bitter-Lemon

In ein Longdrinkglas Eiswürfel geben. Darüber die Zutaten gießen und mit Bitter-Lemon vorsichtig auffüllen.

Cola

30 ml Cola
30 ml Bitter-Orange

In ein Longdrinkglas Eiswürfel geben. Beide Zutaten einfüllen und dann mit Zitronenschale abspritzen.

Grapi

20 ml Wodka
20 ml Gin
20 ml Grapefruitsaft
Sodawasser

Im Mischbecher auf Eis mischen und in ein Glas auf Eiswürfel geben. Mit Sodawasser auffüllen.

Sweety

20 ml Grand Marnier
20 ml Zitronensaft
20 ml Weinbrand
Grape Tonic

Zutaten im Shaker verrühren und über Eiswürfel geben. Mit Grape Tonic auffüllen.

Zitro

20 ml Daiquiri
20 ml Whisky
20 ml Orangensaft
Bitter-Lemon

Zutaten im Mischglas verrühren. Eis ins Glas geben und Cocktail einfüllen. Mit Bitter-Lemon auffüllen.

Kaki

20 ml Curaçao
20 ml Aquavit
20 ml Kakao mit Nuß
Sodawasser

Zutaten im Schüttelbecher schütteln, mit Sodawasser auffüllen.

Riela

80 ml Cola
40 ml Zitronenlimonade
40 ml Sekt, rot
Eiswürfel

Eiswürfel ins Glas geben, Limonade und Sekt darübergießen. Zitronenscheibe ans Glas stecken.

Coco

30 ml Coco-Tropical-Drink
30 ml Daiquiri
Eiswürfel

Zutaten vermischen, über Eiswürfel geben, mit Bitter-Lemon auffüllen.

William's Sand

20 ml Sanddornlikör
40 ml Williamsbirnenlikör
Eiswürfel

Zutaten über Eis ins Glas einfüllen, evtl. mit Ananassaft auffüllen.

Eico

20 ml Cointreau
20 ml Eierlikör
20 ml Rum
Orangensaft

Zutaten in den Shaker geben. Mit Eiswürfeln schütteln. In ein Glas seihen, Eiswürfel dazugeben und mit Orangensaft auffüllen.

Vitala

20 ml Cinzano Rosso
20 ml Maracuja
20 ml Rum
Sekt

Zutaten im Mischbecher verrühren, Eiswürfel ins Glas geben, den Cocktail darübergießen und mit Sekt nach Belieben auffüllen.

Tropica

20 ml Mangofruchtsirup
20 ml Curaçao
20 ml Zitronensaft
Eiswürfel

Zutaten verrühren, mit Bitter-Orange auffüllen.

Franky

20 ml Grand Marnier
20 ml Orange mit Wodka
Eiswürfel

Zutaten mischen, mit Bitter-Orange Tonic auffüllen.

Campi

20 ml Campari Bitter
20 ml Mandarinenlikör
40 ml Orangensaft
Eiswürfel

Zutaten mischen, über Eis geben und evtl. mit Orangensaft auffüllen.

Grenadine

20 ml Grenadine
20 ml Zitronenlikör
20 ml Apfelkorn
Eiswürfel

Zutaten verrühren, mit Bitter-Lemon auffüllen.

Menthe

30 ml Crème de Menthe
20 ml Daiquiri
80 ml Weißwein
Eiswürfel

Zutaten mischen, über Eiswürfel gießen, evtl. mit Sodawasser auffüllen.

Traubi

40 ml schwarzer Johannisbeerlikör
20 ml Mandarinenlikör
Eiswürfel

Eiswürfel ins Glas geben, Liköre hinzufügen, umrühren, mit Schaumwein auffüllen.

Tequi

40 ml Tequila
20 ml Arrak
Eiswürfel

Eiswürfel ins Glas geben, Alkohol darübergießen, kurz mischen und mit Grapefruitsaft auffüllen.

Coco Ribe

40 ml Coco-Ribe-Likör
20 ml weißer Rum
Eiswürfel

Zutaten mit Eis ins Glas geben, mit Cola auffüllen.

Banano

20 ml Bananensirup
oder Bananenmus
20 ml Banana-Tropical-Drink
(20 %)
20 ml Zitronenlikör
Eiswürfel

Zutaten mixen, über Eiswürfel geben, mit Zitronenlimonade auffüllen. Bananenscheiben am Spieß hinzugeben.

Australia

20 ml Känguruh-Likör
20 ml Bananavit-Soft-Drink
20 ml Weinbrand
Wright's Bitter-Orange

Im Mischglas die Zutaten mit Eis verrühren. In ein Stielglas Eiswürfel und 2 Scheiben Banane geben. Cocktail einfüllen und mit Wright's Bitter-Orange auffüllen.

Planti

40 ml Planter's Punsch
20 ml Apfelkorn
Eiswürfel

Eiswürfel ins Glas geben, Alkohol darübergießen, mischen. Mit kaltem starkem Tee auffüllen.

Cobblers

Die Cobblers sind beliebte alkoholische Erfrischungsgetränke, die schon sehr lange in den guten Hotelbars zu Hause sind.

Sie erfreuen sich besonderer Beliebtheit bei den Damen und sollen mit wenig Alkohol und vielen Früchten zubereitet werden.

Zu den Cobblers gehört kleinzerschlagenes Roheis, welches im Glas zerläuft und sofort erfrischend wirkt.

Die Früchte sind die Hauptbestandteile, es eignen sich sowohl frische Früchte als auch Dunstobst (Dosenware). Beliebt bei den Gästen sind nicht nur Himbeeren, Erdbeeren, Kirschen, Ananas, Pfirsiche, Aprikosen, sondern auch Orangen, Mandarinen, Weintrauben und Bananen, ja selbst viele exotische Früchte wie Kiwi, Guave, Kaki, Lychee, Papaya, Maracuja sind gefragt. Sie sind das ganze Jahr über bei uns frisch oder als Dosenware erhältlich. Die Konserven sind qualitativ sehr gut und verzehrfertig zubereitet. So können die Exoten in Spezialitäten angeboten werden, denn der Geschmack der Gäste ändert sich von Zeit zu Zeit.

Einen Cobbler stellt man wie folgt zusammen:
Ein Glas wird dreiviertelvoll mit zerschlagenem Roheis gefüllt. Darauf gießt man den Alkohol und garniert den Becher mit Früchten aus.

Bei manchem Cobbler verwendet man einen Schuß Sekt oder Sodawasser, dementsprechend wird etwas weniger Roheis verwendet. Man serviert ihn mit Saughalm und Bar- oder Teelöffel.

Maranja

Eisstückchen
20 ml Maracuja-Tropical-Drink
10 ml Zitronensaft
50 ml Sekt

Zutaten umrühren. Aprikosen- und Kiwistücke sowie eine Kaiserkirsche dienen als Garnitur.

Kiwi-Kiwi

Eisstückchen
20 ml Kiwi mit Wodka
10 ml Crème de Menthe
50 ml Sekt

Zutaten umrühren. Kiwi- und Mandarinenstücke, auch Pfefferminzblättchen sind als Garnitur gedacht.

Banana

Eisstückchen
40 ml Bananensirup
20 ml Banana-Carimbo-Likör

Zutaten umrühren und Cobbler mit Bananenstückchen und Himbeeren garnieren.

Sexi

Eisstückchen
10 ml Arrak
10 ml Bergamottelikör
10 ml Vanillelikör

Mit Sekt auffüllen, dann mit Mandarinen-, Bananen- und Birnenstückchen garnieren.

Grawodke

Eisstückchen
30 ml Grapefruit mit Wodka-Soft-Drink
70 ml Grapefruitsaft
1 TL Vanillezucker

Zutaten umrühren. Die Garnitur besteht aus Grapefruitfilets, Kaiserkirschen und Kiwistückchen.

Curaçao

Eisstückchen
40 ml Blue Curaçao Triple sec
60 ml Sekt

Zutaten umrühren. Garnitur aus Mandarinen, Lychees und Cocktailkirsche anbringen.

Sherry

Eisstückchen
10 ml Arrak
60 ml Sherry

Zutaten umrühren und Cobbler mit Pfefferminzsträußchen garnieren.

Amaretto

Eisstückchen
40 ml Amaretto di Saronno
10 ml Zitronensaft

Zutaten umrühren. Als Garnitur dienen Kaiserkirschen und Johannisbeeren.

Arabica

Eisstückchen
30 ml Feigenlikör
10 ml Zitronensaft
40 ml Grape Tonic water

Zutaten umrühren und Cobbler mit Feigenstückchen, Sultaninen und kandierten Kirschen garnieren.

Cocos

Eisstückchen
40 ml Coco-Tropical-Drink
20 ml weißer Rum
1 TL Vanillezucker

Zutaten umrühren und Cobbler mit Kokosnuß- und Ananasstückchen sowie Cocktailkirsche garnieren.

Mangona

Eisstückchen
40 ml Mangosirup
20 ml Zitronenlikör
40 ml Zitronenlimonade

Zutaten umrühren und Getränk mit Mango- und Pfirsichstückchen sowie roten Johannisbeeren garnieren.

Kirsch

Eisstückchen
20 ml Kirschsirup
10 ml Kirschwasser
20 ml Kirschlikör
2 Tropfen Zitronensaft

Mit Kirschen und Orangenfilets garnieren.

Calvados

Eisstückchen
2 TL Grenadine
1 TL Zitronensaft
20 ml Calvados

Mit Apfelspalten und Kirschen garnieren.

Apricot

Eisstückchen
20 ml Himbeersirup
20 ml Apricot Brandy
1 Spritzer Aromatique

Mit Aprikosen- und Mandarinenstückchen garnieren.

Erdbeer

Eisstückchen
20 ml Erdbeersirup oder -saft
10 ml Maraschino
10 ml Zitronensaft

Mit Erdbeeren und Bananenstückchen garnieren.

Müsli

Eisstückchen
10 ml Rum
10 ml Aromatique
30 ml Weißwein

Mit Fruchtsalat aus Orangen, Apfel, Ananas und Kirschen garnieren.

Himbeer

Eisstückchen
20 ml Himbeersaft
10 ml Weinbrand
10 ml Himbeergeist

Mit Himbeeren und Pflaumen garnieren.

Williams

Eisstückchen
2 TL Johannisbeergelee
1 TL Zitronensaft
20 ml Williamsbirnenschnaps

Mit Birnenscheiben und Kirsche garnieren.

Weintrauben

Eisstückchen
20 ml Marsala
10 ml Weinbrand
1 TL Zitronensaft

Mit Weintrauben und Pflaumen garnieren.

Mandarin

Eisstückchen
1 TL Orangensirup
20 ml Grand Marnier
10 ml Rum

Mit Mandarinenstückchen und Kirsche garnieren.

Banane

Eisstückchen
10 ml Himbeersaft
10 ml Weinbrand
20 ml Eierlikör

Mit Bananenstückchen und Nüssen garnieren.

Feuersee

Eisstückchen
30 ml Rotwein
10 ml Cointreau
10 ml Zitronensaft

Mit Orangenstückchen und Kirschen garnieren.

Orange

Eisstückchen
2 TL Orangensaft
20 ml Cointreau
1 Spritzer Popocatepetl
1 TL Zucker

Mit Orangen- und Mandarinenfilets garnieren.

Pfirsich

Eisstückchen
1 TL Zitronensaft
10 ml Weinbrand
10 ml Rum
10 ml Himbeersirup

Mit Pfirsichstückchen und Kirschen ausgarnieren.

Guazi

Eisstückchen
80 ml Guavennektar

Mit Guajaven, Ananas und Kirsche garnieren.

Pfefferminz

Eisstückchen
20 ml Pfefferminzlikör
10 ml Himbeergeist

Mit Himbeeren und Pfirsichstückchen garnieren.

Grüner Mandarin

Eiswürfel
30 ml Pisang Ambon
20 ml Orangenlikör

Im Glas verrühren und grüne Kirschen mit Mandarinenfilets auflegen. Mit Minzblättern garnieren.

Summerdream

Eiswürfel
40 ml Ananassaft
40 ml Weinbrand

Garnieren mit Ananasstückchen, Weinbeeren und Kaiserkirschen.

Formosa

Eisstückchen
2 TL Ananassirup
1 TL Zitronensaft
20 ml Weißwein
10 ml weißer Wermut

Mit Ananas- und Mandarinenstückchen, Kaiserkirsche und Pfefferminzblättchen garnieren.

Green Ice

Eisstückchen
1 EL Kiwi-Toppingsauce
30 ml Pisang Ambon
20 ml Kirschwasser

Im Glas verrühren, mit Kiwistückchen und Kirschen garnieren.

Campi

Eiswürfel
30 ml Campari
30 ml Green-Bananas-Likör
1 TL flüssiger Honig

In dieser Reihenfolge ins Glas geben, mit Bananenstückchen, Cocktailkirschen, Mandarinenstückchen garnieren.

Blaue Lagune

Eiswürfel
30 ml Curaçao blue
20 ml Martini, dry
10 ml Orangensaft

In der obigen Reihenfolge übers Eis gießen. Mit Lychees und Orangenfilets garnieren.

Limonetta

Eiswürfel
30 ml Zitronenlikör
30 ml Kolibrilikör
Grapefruit und Ananas mit Wodka

Ins Glas geben. Mit Ananasstückchen, Grapefruitfilets und Himbeeren garnieren.

Johanni

Eiswürfel
30 ml Kakadu-Kirsch/Johannisbeer mit Amarettolikör
30 ml Martini Rosso

Ins Glas geben und mit roten und schwarzen Johannisbeeren sowie Mandarinen garnieren.

Kraftakt

Eiswürfel
30 ml Selleriesaft
30 ml Sanddorn-Elixier
10 ml Zitronensaft

Im Glas verrühren. Garnieren mit gedünsteten Selleriestückchen, Karottenscheiben, mit Meersalz und grobem Pfeffer würzen.

Flips

In den Hotelbars zählen die Flips zu den Standardgetränken. Der Fachmann unterscheidet hierbei 3 Getränkegruppen:

1. *Alkoholfreie Flips*
   Zu diesen verwendet man Milch oder Sahne, Frischobst, Obstsäfte, Sirupe, Eier sowie Speiseeis.
2. *Weinflips*
   Hier sind wieder viele Varianten möglich, denn wir können alle Weinarten dazu verwenden, sei es Weißwein, Rotwein, Portwein, Marsala, Malaga, Madeira oder Sherry.
3. *Likörflips*
   Auch hier gibt es tausendfache Mixmöglichkeiten mit den weichen, süßen und harten Arten und Sorten. Ob fruchtig-süß oder herb und hart, der Spielraum ist sehr groß.

Zum Mixen benötigen wir einen Schüttelbecher. In diesen gibt man zuerst einige Würfel Roheis, dann Sahne (Milch), Zucker, Ei usw. Zu den Weinflips verwendet man nur das Eigelb. Die Zutaten kräftig schütteln und in das Flipglas seihen. Zur Geschmacksanreicherung wird zuletzt sehr gern etwas Muskatnuß aufgestreut. Auch kleine Garnituren wie eine Kirsche am Spieß, Minzblätter oder Zitronenscheibe am Glas sind sehr dekorativ.

Nimmt man anstelle von kondensierter Milch oder Sahne eine Kugel Speiseeis, so erhält man einen sehr kremigen Flip. Das Mixen sollte dann mit einem Mixquirl geschehen.

Sicher werden Sie mit dem einen oder anderen Rezept ein Freund dieser Getränkeart.

Alkoholfreie Flips

Zitronen-Flip

35 ml Vanilleeiskrem
20 ml Sahne
20 ml Zitronensaft
1 Eigelb

Mokka-Flip

35 ml Schokoladeneiskrem
20 ml Sahne
20 ml kondensierte Milch
1 g Pulverkaffee
1 Eigelb

Apfel-Flip

Eiswürfel
50 ml Apfelsaft
20 ml Sahne
1 TL Traubenzucker
1 Eigelb
1 Prise Zimt

Johannisbeer-Flip

Eiswürfel
50 ml Johannisbeersaft
20 ml Sahne
1 TL Puderzucker
1 Eigelb

Erdbeer-Flip

35 ml Erdbeereis
20 ml kondensierte Milch
1 EL Erdbeermark oder 3–4 Erdbeeren
1 Eigelb

Orangen-Flip

35 ml Vanilleeiskrem
20 ml kondensierte Milch
1/2 Orange (Saft)
1 Messerspitze abgeriebene Orangenschale
1 Eigelb

Maracuja-Flip

	Eiswürfel
50 ml	Maracujasirup
20 ml	Sahne
1 TL	Vanillezucker
1	Eigelb

Bananen-Flip

	Eiswürfel
50 ml	Bananensirup oder
1/2	Banane, püriert
20 ml	Joghurt
1 TL	Zitronensaft
1	Eigelb

Trauben-Flip

	Eiswürfel
50 ml	Traubensaft
20 ml	Sahne
1 TL	Puderzucker
1 TL	Zitronensaft
1	Eigelb

Cherry-Flip

	Eiswürfel
40 ml	Kirschsirup
40 ml	Kefir oder Joghurt
1 TL	Vanillezucker
1	Eigelb

Mango-Flip

	Eiswürfel
50 ml	Mangosirup
20 ml	kondensierte Milch
20 ml	Zitronensaft
1	Eigelb

Granatapfel-Flip

	Eiswürfel
50 ml	Grenadine
20 ml	Sahne
1 EL	Honig
1	Eigelb

Heidelbeer-Flip

Eiswürfel
50 ml Heidelbeersaft
20 ml Sahne
1 TL Puderzucker
1 Eigelb

Nuß-Flip

Eiswürfel
2 EL Nußpaste
40 ml Sahne
20 ml kondensierte Milch
1 Eigelb

Ananas-Flip

35 ml Ananaseiskrem
20 ml Sahne
1 TL geraspelte Ananas
1 Eigelb

Sanddorn-Flip

35 ml Vanilleeiskrem
20 ml Sahne
1 EL Sanddornvollfrucht
1 Frischei

Cassis-Flip

20 ml Cassissirup
30 ml Vollmilch
25 ml Cassiseiskrem
1 Eigelb

Karamel-Flip

35 ml Karameleiskrem
20 ml Sahne
1 Eigelb

Weinflips

Sekt-Flip

Eiswürfel
40 ml Weißwein
1 TL Puderzucker
1 Eigelb

Zutaten schütteln, mit Sekt auffüllen.

Marsala-Flip

Eiswürfel
40 ml Marsala
20 ml Weißwein
1 TL Orangensaft
2 TL Puderzucker
1 Eigelb

Portwein-Flip

Eiswürfel
20 ml Portwein
20 ml Rotwein
20 ml kondensierte Milch
1 TL Puderzucker
1 Eigelb

Getränk mit Muskat bestreuen.

Mokka-Flip

Eiswürfel
20 ml Cointreau
20 ml Curaçao, weiß
2 TL Puderzucker
2 TL Pulverkaffee
1 Eigelb

Wermut-Flip

Eiswürfel
40 ml Wermut
20 ml Rotwein
1 TL Puderzucker
1 Eigelb

Cinzano-Flip

Eiswürfel
40 ml Cinzano Dry
20 ml Portwein
1 TL Puderzucker
1 Eigelb

Pernod-Flip

Eiswürfel
20 ml Pernod
40 ml Weißwein
1 TL Puderzucker
1 Eigelb

Sherry-Flip

Eiswürfel
40 ml Sherry
20 ml Sauternes
1 Eigelb

Honey-Flip

Eiswürfel
40 ml weißer Wermut
1 EL Honig
20 ml Sahne
1 Eigelb

Strawberry-Flip

Eiswürfel
40 ml Erdbeerwein
20 ml Weinbrand
20 ml Sahne
1 Eigelb

Valpol-Flip

Eiswürfel
40 ml Valpolicella
20 ml Cherry Marnier
1 TL Vanillezucker
1 Eigelb

Apple-Flip

Eiswürfel
40 ml Apfelwein (Cidre)
20 ml Calvados
20 ml Sahne
1 Eigelb

Stachely-Flip

Eiswürfel
60 ml Stachelbeerwein
20 ml Zitronenlikör
1 Eigelb

Picon-Flip

Eiswürfel
40 ml Picon
20 ml Marsala
1 TL Puderzucker
1 Eigelb

Heidi-Flip

	Eiswürfel
40 ml	Heidelbeerwein
20 ml	Korn mit Preiselbeere
20 ml	kondensierte Milch
1	Eigelb

Joha-Flip

	Eiswürfel
40 ml	Johannisbeerwein
20 ml	Johannisbeer mit Korn
20 ml	Sahne
1	Eigelb

Likörflips

Kosaken-Flip

35 ml	Vanilleeiskrem (1 Kugel oder 1/40 l)
20 ml	Sahne
20 ml	Wodka
1 g	Pulverkaffee
10 ml	Chartreuse, gelb
1	Eigelb

Mokka-Flip

	Eiswürfel
20 ml	Rohsahne
20 ml	Mokkalikör
10 ml	Weinbrand
1	Eigelb

Getränk mit etwas Pulverkaffee bestreuen.

Espano-Flip

	Eiswürfel
20 ml	kondensierte Milch
20 ml	Apricot Brandy
1	Prise Zimt
1 TL	Puderzucker
1	Eigelb

Micha-Flip

	Eiswürfel
20 ml	Zitronenlikör
20 ml	Zitronensaft
10 ml	Wacholderbranntwein (32%)
10 ml	Puderzucker
1	Eigelb

Canadian Flip

Eiswürfel
20 ml Sahne
20 ml Whisky
10 ml Cointreau
1 Eigelb

Prünelli-Flip

Eiswürfel
40 ml Prunellenbranntwein
20 ml Maraschino
20 ml Sahne
1 Eigelb

Ananas-Flip

Eiswürfel
40 ml Ananaslikör
10 ml Zitronenlikör
20 ml Sahne
1 Eigelb

Brombeer-Flip

Eiswürfel
20 ml Brombeerlikör
20 ml Zitroneneislikör
10 ml Weinbrand
1 Eigelb

Anisette-Flip

Eiswürfel
40 ml Anislikör
20 ml Weinbrand
20 ml Sahne
1 Eigelb

Ka-Nu-Flip

Eiswürfel
40 ml Kakao-mit-Nuß-Likör
20 ml Nußvocaat
1 EL Sahne
1 Eigelb

Ingwer-Flip

Eiswürfel
40 ml Ingwerlikör
20 ml Weinbrand
20 ml Sahne
1 Eigelb

Ebereschen-Flip

Eiswürfel
20 ml Ebereschenlikör
10 ml Curaçaolikör
20 ml kondensierte Milch
1 Eigelb

Sandy-Flip

Eiswürfel
30 ml Sanddornlikör
20 ml Apricot mit Whisky
20 ml Sahne
1 Eigelb

Sabra-Flip

Eiswürfel
40 ml Sabra-Orangen-Schokoladenlikör
20 ml Mandarinenlikör
20 ml Sahne
1 Eigelb

Cacao-Flip

Eiswürfel
20 ml Weinbrand
20 ml Crème de Cacao
1 TL Puderzucker
1 Eigelb

Flip mit wenig Muskat bestreuen.

Blondy-Flip

35 ml Zitroneneis (1 Kugel oder 1/40 l)
20 ml Arrak
10 ml Grand Marnier
10 ml Sahne
1 Eigelb

Jamaika-Flip

Eiswürfel
20 ml kondensierte Milch
20 ml Rum
10 ml Arrak
1 TL Puderzucker
1 Eigelb

Cuja-Flip

Eiswürfel
40 ml Cuja-Maracuja-Likör
30 ml Eierlikör
1 Eigelb

Egg-Noggs

Die Grundbestandteile sind ähnlicher Art wie bei den Milchmixgetränken oder den Flips. Nur nehmen wir zu Milch, Zucker, Sirup, Fruchtsaft, Alkohol noch das ganze Ei hinzu.

Daher sind die Egg-Noggs nicht nur Erfrischungsgetränke, sondern auch kräftigend und leicht verdaulich. In der kälteren Jahreszeit werden sie recht gern mit heißer Milch zubereitet.

Verschiedene Egg-Noggs werden so angerichtet, daß man das Eiweiß zu Schnee schlägt und unter die Mischung aus den übrigen Zutaten rührt. So erzielt man ein recht schaumiges Getränk mit sehr erfrischendem Effekt. Wenn mit dem Schüttelbecher gearbeitet wird, so kommen erst einige Stücke Roheis in den Becher, dann Ei, Zucker, Alkohol und ein Teil der Milch. Dann Zutaten kräftig schütteln, damit das Ei zerschlagen wird und sich gut mit den anderen Ingredienzen verbindet. Mischung in ein Glas seihen und mit dem Rest der Milch auffüllen. Etwas darübergeriebene Muskatnuß verfeinert den Geschmack.

Ideal arbeitet man mit dem elektrischen Mixer. Es wird durch ihn eine homogenere Masse erzielt, da die gesamte Milch hinzugegeben werden kann. Die Dauer des Mixens bestimmt die Schaumigkeit der fertigen Egg-Noggs.

Anstelle von Zucker kann bei heißen Getränken auch Honig verwendet werden. Die Gläser sollten gut vorgewärmt sein. Bei den gekühlten Getränken ist Roheis oft erwünscht. Beim Mixen mit einem elektrischen Gerät wird zuerst das Eis ins Glas gegeben, erst dann wird das Getränk eingefüllt. Saughalm nicht vergessen!

Birnen-Egg-Nogg

100 ml Milch
1/2 Birne
20 ml Birnenlikör
1 TL Zucker
1 Ei

Ananas-Egg-Nogg

Eiswürfel
100 ml Milch
1/2 Scheibe Ananas
1 TL Traubenzucker
1 Ei

Bier-Egg-Nogg

50 ml Milch
100 ml Malzbier
20 ml Weinbrand
1 TL Zucker
1 Ei
1 TL Zitronensaft

Orangen-Egg-Nogg

Eiswürfel
100 ml Milch
1/2 Orange (Saft)
20 ml Cointreau
1 TL Zucker
1 Ei

Wermut-Egg-Nogg

100 ml Milch
20 ml französischer Wermut
10 ml Aromatique oder Kräuterlikör
1 EL Zucker
1 Ei
Muskatnuß, gerieben

Martini-Egg-Nogg

Eiswürfel
100 ml Milch
20 ml Martini, dry
10 ml Popocatepetl
1 EL Zucker
1 Ei
Muskatnuß, gerieben

Cherry-Egg-Nogg

50 ml Sahne
50 ml Cherry Marnier
20 ml Kirschwasser
2 EL Zucker
1 Ei
1 Eigelb
1 Eiweiß

Eigelb, ganzes Ei, Zucker und Cherry im Wasserbad warm schlagen. Sahne einlaufen lassen. Eiweiß steif schlagen, zuckern. Massen vermengen und Kirschwasser hinzugeben. Sofort in heißen Gläsern servieren.

Feigen-Egg-Nogg

50 ml Sahne
2 Feigen, gedünstet
20 ml Feigenlikör
1 EL Zimtzucker
1 Ei

Papaya-Egg-Nogg

50 ml Sahne
3 Stück Papaya, gedünstet
30 ml Mandarinenlikör
1 TL Puderzucker
1 Ei

Maracuja-Egg-Nogg

50 ml Sahne
40 ml Maracuja mit Whisky
10 ml Maracujasirup
10 ml weißer Rum
1 Ei

Vandermint-Egg-Nogg

50 ml Sahne
40 ml Vandermint-Pfefferminz-Schokoladenlikör
10 ml Pippermint Get
1 Ei

Orangen-Egg-Nogg

50 ml Sahne
50 ml Cointreau
20 ml Zitronenlikör
2 EL Zucker
1 Eigelb
1 Eiweiß

Eigelb, 1 EL Zucker und Cointreau im Wasserbad warm schlagen, Sahne unterziehen und wiederum warm schlagen. Eiweiß mit restlichem Zucker aufschlagen. Die heiße Masse einlaufen lassen. Likör unterziehen und sofort in heiße Gläser füllen.

Bier-Egg-Nogg

50 ml Milch
100 ml Malzbier
20 ml Weinbrand
1 TL Zucker
1 Ei
1 TL Zitronensaft

Mokka-Egg-Nogg

100 g geschlagene Sahne
2 TL Pulverkaffee
20 ml Kaffeelikör
1 TL Puderzucker
1 Ei

Mit Mixstab kurz mixen.

Mandel-Egg-Nogg

100 g geschlagene Sahne
2 EL geriebene Mandeln
20 ml Maraschinolikör
1 TL Puderzucker
1 Ei

Alles mit einem Mixquirl sekundenschnell quirlen.

Grüner Egg-Nogg

100 g geschlagene Sahne
4 TL gehackte Kräuter (Dill, Petersilie, Schnittlauch), Prise Salz, Pfeffer
1 TL Zitronensaft
1 Ei

Garnitur Dill oder Petersilie.

Campi-Egg-Nogg

100 ml geschlagene Sahne
30 ml Campari
20 ml Gin
1 TL Vanillezucker
1 Ei

Im Mixquirl 10 Sekunden quirlen.

Melonen-Egg-Nogg

50 ml Sahne
80 g Honigmelonenstücke
1 TL Milchzucker
20 ml Weinbrand
1 Ei

Alle Zutaten etwa 30 Sekunden mit dem Mixquirl „hochziehen“.

Lychee-Egg-Nogg

100 ml Milch
40 ml Maracuja-Orange mit Wodka
4 Lychees, gedünstet
1 EL Puderzucker
1 Ei

Mandarin-Egg-Nogg

Eiswürfel
100 ml Milch
1 Mandarine ohne Kerne, geschält
1 TL Traubenzucker
1 Ei

Nuß-Egg-Nogg

100 g geschlagene Sahne
3 EL flüssiger Nugat oder Nutella
20 ml Nuß-Eierlikör
1 Ei

Suis-Egg-Nogg

100 ml Milch
40 ml Suisceri-Kirsch-Schokoladenlikör
10 ml Kirschwasser
1 Ei

Kiwi-Egg-Nogg

100 ml Milch
1/2 Kiwi, geschält
1 TL Vanillezucker
40 ml Kiwi-Wodka
1 Ei

Cocos-Egg-Nogg

100 ml Milch
40 ml Coco-Tropical-Drink
1 EL Honig
1 EL Kokosflocken, geröstet
1 Ei

Bowlen

Heute schreibt man die Gemütlichkeit wieder groß, und so kann man eine Renaissance der Bowle feststellen. Unsere Väter haben früher eine Bowle eigenhändig hergestellt und unsere Mütter das feine Bowlengeschirr der Familie für die Gäste hervorgeholt.

Die Bowle stammt aus England und wird meist mit Weiß- oder Rotwein unter Zusatz von weiterem Alkohol und Früchten hergestellt. Dabei werden die Früchte zur besseren Aromatisierung mit Zucker und Alkohol übergossen. Diese Mischung wird abgedeckt, damit das Aroma erhalten bleibt, auch läßt man sie etwa 2 Stunden durchziehen. Dann werden Saft bzw. Wein und Sekt hinzugegeben und das Getränk recht kühl serviert.

Eine Bowle sollte nie zu süß oder zu schwer sein, denn man trinkt sie bei geselligem Zusammensein. Wenn die Mischung stimmt, ist die Bowle bei Damen und Herren, bei Jüngeren und Älteren recht beliebt. Für Jugendliche kann anstelle von Wein auch Fruchtsaft oder Limonade mit Kohlensäure verwendet werden.

Bowlen können sowohl den Nachmittag als auch den geselligen Abend verschönern. Sie bringen angenehme Stimmung und tragen zur Gemütlichkeit bei.

Folgende Hinweise sollten beachtet werden:

- Nur erstklassige Früchte verwenden.
- Qualitätsweine und feiner Sekt ergeben beste Qualität.
- Wenig Alkohol zusetzen und ihn nur zur geschmacklichen Unterstützung der Bowle verwenden.
- Zu stark alkoholisierte Früchte können schnell einen Brummschädel ergeben. Deshalb nicht zu viele Früchte verwenden.
- Zuckerzusatz vorher „klären", also Läuterzucker verwenden.
- In die Bowle keine Eiswürfel geben. Sie verwässern eine Bowle. Zur Kühlung die Bowle in zerstoßenes Roheis setzen.

Pfirsich-Bowle

5–6	mittlere Pfirsiche
300 g	Zucker
100 ml	Cognac
1,5 l	Weißwein
1	Flasche Sekt

Pfirsiche kurz in kochendes Wasser halten, mit kaltem Wasser abschrecken und schälen. Pfirsiche in Achtel schneiden und Kern entfernen. Die Stücke in das Bowlengefäß legen, mit Zucker überstreuen, mit Cognac übergießen und zugedeckt etwa 2 Stunden durchziehen lassen. Den Wein zugießen, Bowle umrühren. Kurz vor dem Servieren den Sekt hinzugeben.

Feuerzangen-Bowle (Punsch)

3	Flaschen Rotwein (0,7 l)
500 ml	Rum
150 ml	Orangensaft
1	Orangenschale
4	Nelken
1/2	Stange Zimt
1	kleiner Zuckerhut (500 g)

Wein in einem Kupferkessel erhitzen. Gewürze einbinden und in den Wein hängen. Den Zuckerhut auf einer Feuerzange über den Kupferkessel legen und mit angewärmtem, hochprozentigem Rum übergießen, dann anbrennen. Der karamelisierte Zucker tropft in den Wein. Durch ständiges Nachgießen von Rum den Zucker bis zum Schluß brennen lassen. Orangensaft hinzugeben. Gewürzbeutel herausnehmen. Die heiße Bowle in Gläsern servieren.

Waldmeister-Bowle

1	Bund Waldmeister
250 g	Zucker
	Saft von 2 Zitronen
2/1	Flaschen Moselwein, weiß
1	Flasche Sekt

Waldmeister waschen, Blättchen davon in ein Gefäß geben, mit Zucker überstreuen und leicht zerdrücken. Mit einer Flasche Wein übergießen und etwa 15 bis 25 Minuten durchziehen lassen. Das Ganze umrühren und abseihen. Wein und Zitronensaft hinzugeben. Zum Schluß den Sekt hinzufügen. Bowle recht kühl servieren.

Kiwi-Apfel-Bowle

4–5	Kiwis
400 ml	Läuterzucker
100 ml	Calvados
1	Flasche Apfelwein (Cidre)
1	Flasche Riesling (Weißwein)
1	Flasche Sekt, Demi-sec

Kiwis schälen, in Scheiben schneiden. Scheiben in das Bowlengefäß legen, mit Läuterzucker und Calvados übergießen und 2 bis 3 Stunden durchziehen lassen. Dann Wein und Sekt dazugeben.

Kalte Ente

1000 ml	Riesling (Weißwein)
1000 ml	Kerner (Weißwein)
700 ml	Sekt
150 g	Puderzucker
3	Päckchen Vanillezucker
100 ml	Zitronensaft
2	Zitronenschalen

Wein gut kühlen. Zucker und Zitronenschalen ins Bowlengefäß geben, mit Wein übergießen. Nach zehn Minuten Zitronenschale entfernen, kalten Sekt einfüllen und Bowle kalt servieren.

Bordeaux-Bowle

100 g	Sauerkirschen
100 g	Johannisbeeren
50 ml	Zitronensaft
300 g	Zucker
100 ml	Maraschino
1	Flasche Bordeaux-Rotwein
1	Flasche Champagner, Demi-sec
500 ml	Zitronensprudel

Sauerkirschen, Johannisbeeren, frisch oder tiefgekühlt, mit Zucker und Maraschino im Bowlengefäß ansetzen. Nach 2 Stunden umrühren, Bordeaux und Zitronensprudel hinzugeben. Vor dem Servieren den Sekt einfüllen.

Gurken-Bowle

1	Schlangengurke, geraspelt
350 g	Zucker
100 ml	Zitronenlikör
1/1	Flasche Kerner (Weißwein)
1	Flasche Sekt, Demi-sec

Schlangengurke mit Zucker und Likör übergießen. Etwa 2 Stunden durchziehen lassen. Wein hinzugeben, das Ganze umrühren und abseihen. Vor dem Servieren Sekt hinzugeben.

Caribic-Bowle

8	Scheiben Ananas in Stücken
400 ml	Läuterzucker
60 ml	Curaçao
40 ml	Ananaslikör
100 g	Kaiserkirschen, rot, ohne Stein
2	Päckchen Vanillezucker
2/1	Flaschen Silvaner (Weißwein)
1	Flasche Sekt

Ananasstücke und Kirschen mit Läuterzucker und Likör übergießen, durchziehen lassen. Nach 3 Stunden Vanillezucker und Wein hinzufügen und umrühren. Vor dem Servieren den Sekt hinzugießen.

Melonen-Bowle

1	Honigmelone
3 EL	Bienenhonig
250 ml	Läuterzucker
100 ml	Sanddornlikör
2/1	Flaschen Silvaner (Weißwein)
1	Flasche Sekt

Honigmelone aufschneiden, Kerne entfernen. Mit dem Kugelausstecher Kugeln formen oder kleine Stücke schneiden. In das Bowlengefäß geben, mit Zucker, Honig und Likör übergießen. Etwa 2 Stunden durchziehen lassen. Wein dazugießen, umrühren. Vor dem Servieren Sekt hinzugießen.

Sangria-Bowle

1500 ml	spanischer Rotwein
300 ml	Orangensaft
2	Orangen in Scheiben
150 g	Puderzucker
1	Päckchen Vanillezucker
50 ml	Zitronensaft
2	kleine Flaschen Sekt (Pikkolo)
60 ml	Grand Marnier

Orangen gut waschen und in dünne Scheiben schneiden. Diese ins Bowlengefäß geben, mit Zucker bestreuen, Orangensaft darübergießen und etwa 10 Minuten durchziehen lassen. Außer Sekt alle Zutaten mischen, umrühren, nochmals durchziehen lassen und kurz vor dem Servieren den Sekt zugießen.

Erdbeer-Bowle

200 g	Erdbeeren, frisch oder tiefgekühlt
100 g	Puderzucker
100 ml	Erdbeerlikör
30 ml	Zitronensaft
750 ml	Kerner (Weißwein)
1	Flasche deutscher Sekt

Alle Zutaten ins Bowlengefäß, mit Weißwein übergießen, umrühren und etwa 2 Stunden ziehen lassen. Vor dem Servieren mit Sekt aufgießen.

Pfirsich-Bowle

300 g	gedünstete Pfirsiche
100 g	Zucker
2	Päckchen Vanillezucker
200 ml	weißer Rum
40 ml	Zitronensaft
1 TL	abgeriebene Zitronenschale
1000 ml	Riesling (Weißwein)
1	Flasche Zitronenlimonade
1	Flasche Sekt

Pfirsiche in Stücke schneiden, alle Zutaten ins Bowlengefäß geben, mit Weißwein übergießen und 2 Stunden ziehen lassen. Vor dem Servieren die Limonade und den Sekt hinzufügen.

Brombeer-Bowle

250 g	Brombeeren, tiefgekühlt oder frisch
150 g	Puderzucker
150 ml	Brombeerlikör
30 ml	Zitronensaft
1000 ml	Rotwein
750 ml	Spätburgunder (Rotwein)
1	Flasche roter Sekt

Alle Zutaten ins Bowlengefäß geben, mit dem Rotwein übergießen. Abgedeckt 2 Stunden ziehen lassen. Vor dem Servieren mit Sekt auffüllen.

Cassis-Bowle

200 g	rote und schwarze Johannisbeeren
100 g	Puderzucker
2	Päckchen Vanillezucker
150 ml	Cassislikör
1000 ml	Burgunder (Rotwein)
1 Fl.	roter Sekt

Alle Zutaten ins Bowlengefäß geben, mit Rotwein übergießen, umrühren und 2 Stunden ziehen lassen. Sekt sehr kalt dazugeben und servieren.

Punsche

Wer einen größeren Kreis von Gästen bewirten möchte, steht oft vor der Frage, wie er ohne große Mühe etwas Besonderes an Getränken anbieten kann. Dabei kann man ihm im Sommer zu den köstlichen kalten Bowlen und in der kühleren Jahreszeit zu herrlichen Punschen raten.

Der Name Punsch soll aus der indischen Sprache stammen, „pantsch“ bedeutet da soviel wie „fünf“. Es sollen damit die fünf Hauptbestandteile eines Punsches markiert werden, nämlich außer Wein eine weitere Alkoholsorte, Wasser, Zucker, Zitrone bzw. Gewürze und Früchte. Englische Offiziere und Beamte brachten dieses Getränk mit nach Europa, wo es im vorigen Jahrhundert seine Blütezeit erlebte. Aber auch in unserer heutigen Zeit ist Punsch gefragt, und zwar unter Verwendung neuer exotischer Früchte, Gewürze und Spirituosen. Die Zubereitung von heißem Weinpunsch ist leicht. Man schneidet die Früchte klein, fügt Zucker und Wein hinzu und erhitzt die Mischung. Die Zugabe von Zucker, Honig oder anderen Süßstoffen schafft einen Ausgleich zu Wein- und Zitronensäure, die ja beim Erhitzen stärker hervortreten.

Meistens werden zum Punsch junge, aromatische Rotweine verwendet. Diese werden mit bekannten Gewürzen wie Vanille, Zimt, Nelken und Muskat abgeschmeckt. Zahlreiche Früchte – frisch und als Dosenware – bieten sich an, z. B. Orangen, Äpfel, Pfirsiche, Aprikosen, Zwetschgen, Kirschen, aber natürlich auch Trockenobst wie Feigen, Sultaninen, Korinthen.

Für Punsch mit Weißwein passen mildere Zutaten wie Kiwi, Stachelbeeren, Birnen, Pfirsiche und zum Aromatisieren Waldmeister, Pfefferminze, Dill, Gurken sehr gut. Punsche als Spezialitäten stellen viele Kleingärtner mit Beerenweinen wie Erdbeer-, Johannisbeer-, Stachelbeer-, Brombeer-, Heidelbeer-, Holunderbeerwein und natürlich auch mit Apfelwein und Bier her.

Die Punschherstellung ist einfach; hier noch einmal ein kurzer Hinweis: Eine Punschmischung aus Obst, Zucker, Wein, Gewürzen läßt man aufkochen, etwa 10 Minuten simmern und etwa 5 Minuten abgedeckt durchziehen. Dann seiht man das Ganze ab, gibt zum Ausgleich für das Verdampfen des Weinalkohols z. B. Weinbrand, Kornbrand, Likör oder Dessertwein hinzu, bringt das Getränk bis zum Kochen und kann den Punsch servieren.

Als Garnitur können Einzelstücke der gewählten Fruchtsorten ans Glas gesteckt oder an Spießen ins Glas gestellt werden.

Kalte Punsche erweitern das Angebot dieses vorzüglichen Getränks ebenso wie alkoholfreie Punsche auf Fruchtsaftbasis mit und ohne Gewürze.

Apricot-Punsch

1000 ml	Silvaner (Weißwein)
200 g	Kandiszucker
2 EL	Honig
200 g	Aprikosen
100 ml	Ananassaft
30 ml	Zitronensaft
1/2	Stange Vanille
2	Nelken
200 ml	Apricot Brandy

Aprikosen kleinschneiden. Außer Apricot Brandy alle Zutaten aufkochen und 15 Minuten durchziehen lassen. Dann abseihen, mit dem Alkohol mischen und kurz erhitzen.

Florida-Punsch

1000 ml	Trollinger (Rotwein)
6 EL	Honig
6 EL	Zucker
250 ml	Orangensaft
100 ml	Zitronensaft
1	Orangenschale
1	Zitronenschale
5	Nelken
1	Stange Zimt
150 ml	Grand Marnier

Alle Zutaten außer Grand Marnier aufkochen und etwa 10 Minuten durchziehen lassen, dann abseihen. Grand Marnier dazugeben und erhitzen.

Onkel Pauls Punsch

750 ml Rotwein
150 g Sandzucker
100 ml Orangensaft
1/2 Stange Zimt
2 Nelken
1 Orangenschale
150 ml Cointreau

Außer Cointreau alle Zutaten im Topf aufkochen, etwa 5 Minuten durchziehen lassen, abseihen, Cointreau hinzugeben, erhitzen und gleich servieren. Orangenscheibe ans Glas stecken.

Maracuja-Punsch

1000 ml Gewürztraminer (Weißwein)
150 g Zucker
150 ml Maracujanektar
60 ml Zitronensaft
1 Zitronenschale
4 Nelken
150 ml Maracuja mit Whisky

Außer Maracuja-Whisky alle Zutaten aufkochen und kurz durchziehen lassen. Dann abseihen, Alkohol hinzugeben und wieder erhitzen.

Papis Clou

1000 ml Spätburgunder (Rotwein)
250 g Kandiszucker
2 EL Honig
2 Päckchen Vanillezucker
1 Stange Zimt
3 Zitronenschalen
60 ml Zitronensaft
150 ml Arrak

Außer Arrak alle Zutaten aufkochen und 5 Minuten durchziehen lassen. Abseihen. Mit Arrak versetzen, bis zum Kochen bringen und servieren. Als Garnitur dienen Zitronenscheiben.

Apfel-Punsch

1000 ml Apfelwein
200 g Zucker
2 EL Grenadine
30 ml Zitronensaft
2 Zitronenschalen
2 Nelken
1/2 Stange Zimt
200 ml Apfelkorn

Zutaten außer Korn aufkochen, etwa 10 Minuten durchziehen lassen und abseihen. Korn dazugeben und erhitzen.

Black-Currant-Punsch

1000 ml	Portugieser (Rotwein oder Rosé)
100 g	Fruchtzucker
4 EL	Honig
100 ml	schwarzer Johannisbeersaft
20 ml	Orangensaft
1	Orangenschale
3	Nelken
1/2	Stange Zimt
150 ml	Johannisbeerlikör
50 ml	Weinbrand

Alle Zutaten außer Likör und Weinbrand aufkochen, etwa 10 Minuten durchziehen lassen und abseihen. Alkohol hinzugeben und wieder erhitzen.

Bier-Punsch

1000 ml	helles Lagerbier
200 g	Zucker
2	Päckchen Vanillezucker
1/2	Stange Zimt
20 ml	Zitrone
100 ml	alter Korn

Alle Zutaten außer Korn erhitzen, Zimt entfernen, Korn hinzugeben, nochmals heiß werden lassen und Punsch servieren.

Haiti-Punsch

1000 ml	Gutedel (Weißwein)
125 g	Zucker
250 ml	Ananassaft
40 ml	Zitronensaft
1	Zitronenschale
2	Päckchen Vanillezucker
150 ml	weißer Rum

Alle Zutaten außer Rum kurz aufkochen lassen. Zitronenschale entfernen. Rum dazugeben und wieder erhitzen.

Brombeer-Punsch

1000 ml	Brombeerwein
175 g	Zucker
2	Päckchen Vanillezucker
60 ml	Zitronensaft
2	Zitronenschalen
1	Stange Zimt
1	Prise Kardamom
150 ml	Brombeerlikör

Außer Likör alle Zutaten aufkochen, kurz durchziehen lassen, abschäumen und abseihen. Likör hinzugeben und wieder erhitzen. Das Rezept eignet sich für fast alle Beerenweine.

Tuttifrutti-Punsch

1000	ml	Schwarzriesling (Rotwein)
50	g	getrocknete Feigen
50	g	Sultaninen
50	g	Dörrapfelringe
100	g	Zucker
3		Päckchen Vanillezucker
1		Zitronenschale
30	ml	Zitronensaft
1/3		Stange Zimt
175	ml	Curaçao

Die getrockneten Früchte kleinschneiden, Zucker darübergeben, Gewürze und Wein hinzufügen und alles etwa 15 Minuten langsam kochen lassen. Die Menge noch etwa 15 Minuten durchziehen lassen und abseihen. Alkohol hinzugeben und Getränk nochmals erhitzen, aber nicht kochen.

Golden Punsch

150	g	starker schwarzer Tee
1000	ml	Riesling (Weißwein)
200	g	Zucker
50	ml	Zitronensaft
2		Zitronen, abgerieben
200	ml	Rum

Alle Zutaten außer Rum aufkochen, etwa 10 Minuten durchziehen lassen und abseihen. Rum dazugeben und erhitzen.

Eier-Punsch

(ergibt etwa 1 1/4 Liter)

10		Eigelb
225	g	Zucker
1000	ml	Riesling (Weißwein)
3		Päckchen Vanillezucker
1		Stange Zimt
1		Zitronenschale, abgerieben
100	ml	Wasser
		Nelken
		Prise Kardamom

Wasser mit Gewürzen bis zum Kochen bringen und dieselben etwa 15 Minuten durchziehen lassen. Eier mit Zucker in einem Topf oder Kessel im Wasserbad aufschlagen. Langsam den Wein und die abgeseihte Gewürzflüssigkeit einschlagen. Bis zur Löffelprobe abziehen, aber nicht aufkochen (bis etwa 72° Celsius), da die Masse sonst gerinnt.

Calva-Punsch

200 g	Apfelstücke
50 g	Sultaninen
200 g	Zucker
50 ml	Zitronensaft
1	Stange Zimt
1	Prise Vanille
300 ml	Rum
750 ml	Weißherbst (Rosé)

Apfelstücke mit Zucker und Zitronensaft in einem Topf leicht schmoren. Vom Feuer nehmen, Wein und Gewürze hinzufügen und abgedeckt eine halbe Stunde durchziehen lassen. Dann abseihen, Rum und Sultaninen hinzugeben. Wieder bis zum Kochen bringen.

Pfefferminz-Punsch

1000 ml	Riesling (Weißwein)
250 g	Zucker
125 ml	starker Pfefferminztee
60 ml	Zitronensaft
3	Päckchen Vanillezucker
175 ml	Pfefferminzlikör

Alle Zutaten außer Likör erhitzen. Dann Likör hinzugeben, Punsch heiß werden lassen und servieren.

Mango-Punsch

1000 ml	Weißwein
200 g	Mangostücke (Dosenware)
100 g	Zucker
100 g	Fruchtzucker
1	Zitronensaft
2	Zitronenschalen
3	Nelken
1	Stange Zimt
175 ml	Daiquiri

Alle Zutaten außer Daiquiri aufkochen, etwa 15 Minuten durchziehen lassen und abseihen. Mit Daiquiri auffüllen und erhitzen.

Hessen-Punsch

1000 ml	Apfelwein
100 g	Kandiszucker
3	Nelken
1	Stange Zimt
50 g	Vanillezucker
50 ml	Zitronensaft

Zucker mit Zitronensaft in einem Topf erhitzen und auflösen. Gewürze hinzugeben und etwa 20 Minuten durchziehen lassen. Gewürze herausnehmen, den Apfelwein einfüllen und Punsch heiß werden lassen.

Ahorn-Punsch, kalt

300 ml	Portwein
100 ml	Whisky
150 ml	Ahornsirup
2 EL	Pulverkaffee
100 g	Zucker
100 g	Sahne, geschlagen

Außer Sahne alle Zutaten mit einem Schneebesen gut vermischen und zum Schluß unter die Sahne ziehen.

Bischofs-Punsch

1000 ml	Burgunder (Rotwein)
175 g	Zucker
1	Messerspitze Zimt
2	Nelken
1	Messerspitze Kardamom
50 ml	Kirschlikör
1	Zitronenschalenspirale
30 ml	Zitronensaft

Burgunder mit Zucker, Nelken, Zitronenschalenspirale, Zitronensaft erhitzen. Kurz vor dem Kochen Likör und Gewürze hinzugeben und etwa 5 Minuten ziehen lassen. Den Punsch abseihen und servieren.

Bier-Punsch

1000 ml	helles Lagerbier
200 ml	Korn
2	Eier
200 g	Zucker
	Prise Zimt
2	Päckchen Vanillezucker

Bier mit halber Menge Zucker erhitzen, aber nicht kochen lassen. Eier mit dem Zucker im Wasserbad aufschlagen. Das Bier langsam hineingeben, den Korn zuletzt. Würzen. Den Punsch heiß servieren. Beilage könnte Zwieback sein.

Mandel-Punsch

1000 ml	Weißwein
200 g	Mandelmarzipan
150 g	Zucker
150 ml	Amaretto di Saronno
1 cm	Zimtstange

Marzipan mit Weißwein geschmeidig verdünnen und mit Zucker im Wein auflösen, erhitzen. Zimtstange mit erhitzen, aber nicht kochen. Den Likör zum Schluß hinzugeben und heiß servieren.

Grogs

Zu der kühlen Jahreszeit gehört ein Grog. Er ist in den nördlichen Ländern und unseren Küstenregionen eines der bekanntesten und beliebtesten Getränke.

Es wird berichtet, daß 1740 der englische Admiral Vernon sich darüber ärgerte, daß seine Matrosen nach der Ausgabe von reinem Rum besonders händelsüchtig waren. Damals bekamen die Matrosen seiner Majestät täglich eine Portion Rum als Deputat, damit sie bei Stimmung blieben. Vernon erteilte schließlich den Befehl, die Rumrationen mit Zuckerwasser zu verdünnen. Da der Admiral stets Hosen aus Grogram, einem besonders strapazierfähigen Stoff, trug, hatte er den Spitznamen „Old Grog". Deshalb nannten die Matrosen den verdünnten Rum kurz „Grog". Wir kennen auch den Matrosenspruch zum Grog: „Rum muß, Zucker kann und Wasser braucht nicht hinein." Damit wird auf die ursprünglichen Bestandteile Rum, Zucker und heißes Wasser hingewiesen.

Heute findet man viele Grog-Varianten mit Arrak, Weinbrand, Gin, Whisky und auch anderen Alkoholsorten. Die Zubereitung eines Grogs ist sehr einfach: In ein Henkelglas, möglichst hitzebeständig, gießt man einen Teil kochendes Wasser. Zucker und Alkohol, davon mindestens 40 ml, werden auf einem Tablett oder Tisch dazugestellt. Auch aromatisierende Zutaten können gereicht werden, so sind Zitronenschale, Zitronensaft, Grapefruit- oder Orangensaft dazu keine Seltenheit. Der Gast kann dann seinen Grog selbst mischen und dessen Stärke bestimmen.

Seemanns-Grog

50 ml Jamaika-Rum
2 Würfelzucker
1 Scheibe Zitrone
heißes Wasser

Würfelzucker und Zitrone ins Glas geben, mit heißem Wasser vorsichtig auffüllen. Darauf Rum gießen und umrühren.

Weinbrand-Grog

40 ml Weinbrand
2 TL Zucker
1 TL Orangensaft
1 Zitronensaft
heißes Wasser

Zitrone, Orangensaft und Zucker ins Glas geben, mit heißem Wasser übergießen, Weinbrand hinzugeben und umrühren.

Grapefruit-Grog

50 ml Grapefruit mit Wodka
1 EL Zucker
heißes Wasser

Alle Zutaten ins Glas geben und mit heißem Wasser auffüllen.

Kattegat

40 ml Gin
20 ml Rum
2 TL Kandiszucker
1 TL Zitronensaft
heißes Wasser

Zucker und Zitronensaft ins Glas geben, mit heißem Wasser auffüllen und Alkohol daraufgießen.

Ahorn-Grog

30 ml kanadischer Whisky
20 ml Weinbrand
20 ml Ahornsirup
1 TL Zucker
heißes Wasser

Sirup und Zucker ins Glas geben, mit heißem Wasser übergießen, Alkohol hinzugeben und umrühren.

Sanddorn-Grog

60 ml Sanddornlikör
2 EL Fruchtzucker
1 EL Zitronensaft
heißes Wasser

Zitronensaft und Zucker mit heißem Wasser übergießen. Sanddornlikör dazugeben und umrühren.

Apfel-Grog

60 ml Apfelkorn
2 EL Zucker
1 EL Zitronensaft
heißes Wasser

Alle Zutaten ins Glas geben, mit heißem Wasser auffüllen und umrühren.

Moc-Grog

40 ml Mokkalikör
20 ml Weinbrand
2 EL Kandiszucker
heißer Kaffee

Alle Zutaten ins Glas geben, mit heißem Kaffee auffüllen und umrühren.

Whisky-Grog

60 ml Whisky
1 EL Zucker
1 TL Zitronensaft
heißes Wasser

Alle Zutaten ins Glas geben, mit heißem Wasser auffüllen und umrühren.

Schlehen-Grog

60 ml Schlehe mit Wodka
1 TL Zucker
1 Päckchen Vanillezucker
heißes Wasser

Alle Zutaten ins Glas geben und mit heißem Wasser auffüllen.

Honig-Grog

40 ml weißer Rum
2 EL Honig
20 ml Zitronensaft
heißes Wasser

Honig und Zitronensaft mit kochendem Wasser übergießen, umrühren und Rum dazugeben.

Grönland-Grog

60 ml Rum
1 EL Zucker
1 TL Butter
1 Prise Vanille
heißes Wasser

Alle Zutaten ins Glas geben und mit heißem Wasser übergießen.

Café flambé

Café flambé

In einer gemütlichen Runde ist Kaffee ein stimulierendes Getränk. Seine Wirkung kann durch Flambieren gesteigert werden. Eine zauberhafte Stimmung entsteht, wenn in einem guten Lokal Speisen – besonders beliebt sind Desserts – flambiert werden. Deshalb sollten Sie das Flambieren einmal mit Kaffee nach einem Menü oder am Nachmittag probieren.

Selbstverständlich kann man eine große Schau mit Flambierwagen, vielen Pfannen und Geräten machen, aber auch recht dezent am Tisch oder auf einem Tablett erzielt man bei guter Vorbereitung eine große Wirkung. Man braucht dazu starken, möglichst vorgewärmten Alkohol, heiße Tassen, heißen Kaffee, gutgekühlte Sahne und – eine freundliche, gute Stimmung. Die Schau kann beginnen, die Gäste werden mit Dank nicht sparen.

Irish Coffee

40 ml	Whisky
2 TL	brauner Zucker
100 ml	heißer, starker Kaffee
30 ml	Sahne

In Irish-Coffee-Spezialgläsern wird der Whisky mit dem Zucker über einer Flamme angewärmt. Mit einem Streichholz anzünden, dann mit dem Kaffee ablöschen und halbsteife Sahne über einen Löffel auf den Kaffee laufen lassen. Die Sahnehaube kann mit gemahlenem Kaffee bestreut werden.

Aprico-Kaffee

100 ml	starker Kaffee
30 ml	Aprikosengeist
1	Stück Würfelzucker
1 EL	gesüßte Sahne

Kaffee in eine Tasse füllen. Auf einen Löffel wird der angewärmte Aprikosengeist gegeben. Würfelzucker wird hineingelegt und angebrannt. Wenn der Zucker etwas karamelisiert ist, wird der Löffel in die Tasse gegeben. Umrühren und Schlagsahne aufsetzen.

Kaffee Austria

2 Portionen

40 ml	österreichischer Rum
40 ml	Daiquiri
2 EL	Zucker
200 ml	Kaffee
2 EL	Sahne
	Prise Nelken

Rum in Tassen einfüllen, Zucker hinzugeben und anzünden. Tassen werden mit Kaffee aufgefüllt, Daiquiri wird hinzugegeben. Eine Prise Nelken verfeinert den Geschmack, und die Sahne krönt die Tasse Kaffee.

Café brulôt

2	Tassen starker Kaffee
50 ml	Cognac
20 ml	Grand Marnier
2 TL	Zucker
1/2	Orangenschale
1/2	Zitronenschale
2	Gewürznelken
1	Stück Zimt

Gewürze, Zucker und Grand Marnier in ein Gefäß geben, Kaffee hinzufügen und bis zum Kochen bringen. In Tassen abseihen, Cognac in einer Kelle über einer Flamme erhitzen, anzünden und über den Kaffee geben.

Schotten-Kaffee

40 ml Whisky
4 Stück Würfelzucker
100 ml starker Kaffee
2 EL Sahne

Whisky in einem feuerfesten Glas erwärmen, Würfelzucker hineingeben und anbrennen. Mit Kaffee ablöschen und eine Sahnehaube aufsetzen.

Kiss me Kate

2 Stück Würfelzucker
40 ml weißer Rum
100 ml starker Kaffee
2 EL Sahne

Würfelzucker in eine Tasse legen, angewärmten Rum darübergießen und anzünden. Wenn der Zucker schmilzt, mit Kaffee ablöschen und eine Sahnehaube aufsetzen. Mit Pulverkaffee bestreuen.

Flammende Seele

1 Tasse gesüßter, starker Kaffee
1 EL Cognac

Über einer Spiritusflamme wird ein EL Cognac erwärmt, angezündet und auf den Kaffee gegeben.

Kaffee Westindien

40 ml Arrak
3 Stück Würfelzucker
100 ml starker Kaffee
Prise Zimt

In eine feuerfeste Tasse werden Zucker und erwärmter Arrak gegeben, dann angebrannt. Wenn der Zucker leicht karamelisiert, wird Kaffee eingefüllt.

Kaffee Diabolo

4 Portionen

80 ml Cognac
100 ml Grand Marnier
400 ml starker Kaffee
1 Zitronenschale
1 Orangenschale, abgerieben
80 g Zucker
1 Päckchen Vanillezucker
20 ml Zitronensaft
4 EL Sahne

Zucker in einer Pfanne karamelisieren. Zitronensaft und Cognac angießen und anbrennen. Mit Kaffee ablöschen. Schalen hinzugeben und leicht köcheln lassen. Schalen entfernen und Grand Marnier dazugeben. In Tassen füllen und eine Sahnehaube aufsetzen.

Eiskaffee/Eisschokolade/Eistee

Eiskaffee/Eisschokolade/Eistee

Diese Getränke finden wir heute auf fast jeder guten Eiskarte. Sie sind sehr beliebt und werden schon seit Jahrzehnten angeboten. Auch bei diesen Getränken gibt es so manche Spielart; darüber zu streiten lohnt sich nicht. Die Hauptsache ist, jede Variante findet ihre Liebhaber und Freunde.

Nur in einem ist man sich einig: Zum Eiskaffee gehört ein guter, starker Kaffee, auch sollen Kaffee, Schokolade oder Tee gekühlt verwendet werden. Ob man die Getränke süßen soll, hängt vom Geschmack des einzelnen ab. Serviert man ungesüßt, so sollte man nicht vergessen, Zucker zum Nachsüßen zu reichen.

Zum Anrichten empfehle ich, zuerst das Speiseeis in das Glas zu geben, dann das Glas mit Kaffee, Schokolade oder Tee zu füllen. Man erspart sich damit ein nochmaliges Nachfüllen der Flüssigkeit. Als Abschluß dient eine Sahnehaube oder Sahnegarnierung. Serviert werden die Getränke mit Löffel und Saughalm.

Eiskaffee

35 ml Vanilleeiskrem
mit starkem Kaffee auffüllen
20 g Sahnegarnierung

Eiskaffee Royal

35 ml Schokoladeneiskrem
Kaffee, gesüßt
20 ml Cognac
20 g Sahnegarnierung
1 Kaffeebohne

Eiskaffee Irish

35 ml Vanilleeiskrem
Kaffee, gesüßt
20 ml Whiskey
20 g Sahnegarnierung
Pulverkaffee

Eiskaffee Sherry

35 ml Vanilleeiskrem
Kaffee, gesüßt
20 ml Sherry
20 g Sahnegarnierung
Pulverkaffee

Gewürzter Eiskaffee

150 ml gewürzten Kaffee
1 TL Zucker
1/30 l Vanilleeiskrem
1 EL Sahne
Zimt für gewürzten Kaffee
Nelken

In 1 Liter heißen Kaffee werden 1 Stange Zimt und 3 Nelken gegeben. Den Kaffee abkühlen lassen, Gewürze entfernen.
Garnitur: eine Prise Zimt auf die Sahne

Eiskaffee Cream

20 ml Irish-Cream-Likör
mit Kaffee auffüllen
1/40 l Haselnußeiskrem
1/40 l Vanillerahmeis
1 EL Sahne
1 Kaffeebohne

Eiskaffee Vanille

20 ml Eierlikör
mit gesüßtem, starkem Kaffee auffüllen
1/30 l Vanilleeiskrem

Eiskaffee Cherry

20 ml	Cherry mit starkem Kaffee auffüllen
1/40 l	Kirscheiskrem
1/40 l	Vanilleeiskrem

Eiskaffee Triberg

35 ml	Vanilleeiskrem mit gesüßtem Kaffee auffüllen
10 ml	Kirschwasser
20 g	Sahnegarnierung Pulverkaffee aufstreuen

Eiskaffee Gourmet

20 ml	Armagnac mit gesüßtem Kaffee auffüllen
1/30 l	Gourmet-Vanilleeiskrem
10 g	Sahnegarnitur
1	Prise Pulverkaffee

Eiskaffee Cappuccino

20 ml	Kaffeelikör mit gesüßtem Kaffee auffüllen
1/30 l	Cappuccino-Eiskrem
10 g	Sahnegarnitur Schokoblättchen aufstreuen

Eisschokolade

Maraska-Eisschokolade

20 ml	Maraschinolikör mit Schokolade auffüllen
1/40 l	Mandeleiskrem
1/40 l	Nußeiskrem
10 g	Sahnegarnitur
1 TL	geröstete Haselnüsse

Amaretto-Eisschokolade

20 ml	Amaretto di Saronno mit gesüßter Schokolade auffüllen
1/30 l	Mandeleiskrem
10 g	Sahnegarnitur
1	Mandel auflegen

Kirsch-Eisschokolade

20 ml Kirschwasser
mit gesüßter Schokolade auffüllen
1/30 l Vanillerahmeis
10 g Sahnegarnitur
1 Prise Kakaopulver

Himbeer-Eisschokolade

20 ml Himbeergeist
mit Schokolade auffüllen
1/40 l Schokoladeneiskrem
1/40 l Mandeleiskrem
10 g Sahnegarnitur
1 TL Schokoladensplitter

Eisschokolade Diana

20 ml Diana-Sahnelikör
mit gesüßter Schokolade auffüllen
2/40 l Vanillerahmeis
10 g Sahnegarnitur
1 TL Krokant aufstreuen

Nußvocaat-Eisschokolade

20 ml Haselnuß mit Eierlikör
mit Schokolade auffüllen
1/40 l Haselnußeiskrem
1/40 l Vanilleeiskrem

Kokos-Eisschokolade

20 ml Kokoslikör-Drink
mit Schokolade auffüllen
1/30 l Vanilleeiskrem
1 EL Sahne
geröstete Kokosflocken

Mokka-Eisschokolade

20 ml Mokkalikör
mit Schokolade auffüllen
1/40 l Schokoladeneiskrem
1/40 l Vanilleeiskrem

Eisschokolade

35 ml Vanilleeiskrem
mit Schokolade auffüllen
20 g Sahnegarnierung
mit Kakaopulver bestäuben

Eisschokolade Kosak

35 ml	Vanilleeiskrem
	Schokolade, gesüßt
20 ml	Wodka
20 g	Sahnegarnierung
	Borkenschokolade aufstreuen

Eisschokolade Riga

20 ml	Danziger Goldwasser
	mit Schokolade auffüllen
35 ml	Nugateiskrem
10 g	Sahnegarnitur
1	Nugatblättchen oder flüssiger Nugat

Eistee

Eistee

35 ml	Vanilleeiskrem
	mit Tee auffüllen
20 g	Sahnegarnierung
1	Stück Orangenschale

Eistee Jamaika

35 ml	Vanilleeiskrem
	Tee, gesüßt
20 ml	Rum
20 g	Sahnegarnierung
1	Sultanine

Orangen-Eistee

4 Portionen

2	Beutel schwarzer Tee
2	Glas Wasser
200 ml	Orangensaft
40 ml	Orangenlikör
$^{8}/_{40}$ l	Orangenfruchteis

Teebeutel mit Wasser überbrühen und 5 Minuten ziehen lassen. Beutel entfernen, Tee abkühlen lassen.
Tee mit Orangensaft mischen, in Gläser füllen und Eis hinzugeben. Zucker nach Belieben.

China-Mandarinen-Eistee

4 Portionen

3	TL	China-Mandarinentee
1	TL	China-Vanilletee
500	ml	Wasser
3	EL	Zucker
60	ml	Mandarinenedellikör
8		Mandarinenfilets
4/40	l	Orangeneis
4/40	l	Vanilleeis

Tee mit kochendem Wasser überbrühen, etwa 3 Minuten ziehen lassen, abseihen. Zucker einrühren und Tee kalt stellen. Je eine Kugel Orangen- und Vanilleeis in die Gläser geben. Tee mit Likör abschmecken und über das Eis gießen. Mandarinen auf Spieße stecken und zum Tee geben.

Eistee Siziliana

35	ml	Zitroneneis
		Tee, gesüßt, Glas auffüllen
1	EL	Zitronensaft
10	g	Sahnegarnierung
		Zitronenscheibe an den Rand stecken

Eistee mit Sekt

4 Portionen

2		Beutel schwarzer Tee
2		Glas Wasser
2	EL	Zucker
1		kleine Flasche Sekt (Pikkolo)
8/40	l	Aprikosenfruchteis

Tee überbrühen, zuckern und erkalten lassen.
Vier Gläser mit Tee und Sekt gleichmäßig füllen und in jede Portion je zwei Kugeln Eis geben.

Zitronen-Eistee

4 Portionen

2		Beutel schwarzer Tee
2		Beutel Pfefferminztee
30	ml	Zitronensaft
500	ml	Wasser
4	EL	Zucker
2/40	l	Zitroneneis

Teebeutel mit 4 Glas kochendem Wasser überbrühen und 5 Minuten ziehen lassen. Beutel entfernen, Tee abkühlen lassen.
In jedes Glas zwei Kugeln Eis einfüllen und mit eiskaltem Tee aufgießen.

Bananen-Eistee

4 Portionen

- 3 Beutel schwarzer Tee
- 1 Beutel Bananentee
- 4 Glas Wasser
- 2 EL Zucker
- 1 Banane in Scheiben
- 60 ml Bananenlikör
- 20 ml Zitronensaft
- $^{4}/_{40}$ l Zitroneneis
- $^{4}/_{40}$ l Bananeneis

Teebeutel mit kochendem Wasser überbrühen. Nach 4 Minuten Beutel herausnehmen, Tee süßen und kalt stellen. Nach dem Erkalten Alkohol dazugeben. In die Gläser die mit Zitronensaft abgespritzten Bananenscheiben verteilen. Eis hinzugeben und mit Tee auffüllen.

Kiwi-Eistee

4 Portionen

- 2 TL China-Lemontee
- 2 TL schwarzer Tee
- 500 ml Wasser
- 2 EL Zucker
- 50 ml Zitronenlikör
- 1 Kiwi
- $^{4}/_{30}$ l Zitroneneis

Tee mit kochendem Wasser überbrühen und etwa 4 Minuten ziehen lassen. Tee abseihen und kühl stellen. Kiwi schälen und in Schnitze schneiden. Zucker und Likör einrühren. Kiwistücke verteilen, Eis einfüllen und mit kaltem Tee aufgießen. Als Garnitur können auch Kiwistücke verwendet werden.

Eistee spezial

6 Portionen

- 5 EL Tee
- 1000 ml Wasser
- 125 g Zucker
- 6 Blatt Gelatine
- 300 g Erdbeeren
- $^{6}/_{30}$ l Vanilleeiskrem
- 60 g Sahne
- 3 TL Schokoladenspäne

Tee mit kochendem Wasser überbrühen und 5 Minuten ziehen lassen. Abseihen und die in kaltem Wasser eingeweichte, ausgedrückte Gelatine im Tee mit Zucker auflösen. Im Kühlschrank abkühlen lassen.

Erdbeeren säubern und in 6 Gläser einlegen. Gläser mit Tee füllen und im Kühlschrank absteifen lassen.

Vor dem Servieren eine Kugel Eis aufsetzen, mit Sahne und Schokoladenspänen garnieren.

Milchdrinks

Milchdrinks sind eine Spielart der Milchmixgetränke. In ihnen vereinigen sich die verschiedensten Fruchtsäfte und Fruchtsirupe mit frischer, gekühlter Milch und den mannigfachsten Spirituosen.

Um diese Getränke etwas sämiger zu gestalten, können wir sie mit etwas Sahne, kondensierter Milch oder auch Milchpulver herstellen. Kleingeschnittene Fruchtstücke als Einlage schmecken recht gut dazu.

Wir stellen diese Milchdrinks sehr schnell mit einem Shaker, Schüttelbecher oder auch Schneebesen her. Zu diesen Drinks benötigen wir also kein elektrisches Gerät.

Serviert werden Milchdrinks am besten in Sektschalen, also flachen Schalen mit Stiel, sowie mit Löffel und Saughalm.

Bananen-Drink

80 ml Milch
1/2 Banane, mit der Gabel püriert
20 ml Calvados
10 ml Korn
1 TL Zucker

Aprikosen-Drink

80 ml Milch
20 ml Aprikosensirup
20 ml Apricot Brandy
20 ml Weinbrand
1/2 TL Zitronensaft

Ananas-Drink

80 ml Milch
20 ml Ananassirup
20 ml Weinbrand
20 ml Sahne

Erdbeer-Drink

80 ml Milch
1 EL Erdbeermark
20 ml Zitronenlikör
10 ml Cointreau

Cassis-Drink

80 ml Milch
1 EL schwarzer Johannisbeersirup
20 ml Schwarzer Kater
10 ml Wodka

Johannisbeer-Drink

80 ml Milch
2 EL Johannisbeergelee
20 ml Kirschlikör
10 ml Weinbrand

Kirsch-Drink

80 ml Milch
20 ml Kirschsirup
20 ml Kirschlikör
10 ml Rum

Mokka-Drink

80 ml Milch
1 TL Pulverkaffee
20 ml Mokkalikör
20 ml Sahne
1 TL Zucker
1 Prise Pulverkaffee aufstreuen

Nuß-Drink

80 ml Milch
1 EL Nußpaste
20 ml Noisettelikör
10 ml Gin
1 TL Zucker

Orangen-Drink

80 ml Milch
20 ml Orangensirup
20 ml Cointreau
10 ml Zitronensaft
1 TL Zucker

Sanddorn-Drink

80 ml Milch
10 ml Noisettelikör
10 ml Weinbrand
1 TL Traubenzucker
1 EL Sanddorn

Rum-Drink

80 ml Milch
1 TL Vanillezucker
20 ml Crème de Rum

Zitronen-Drink

80 ml Milch
1 EL Zitronensirup
10 ml Zitronenlikör
20 ml Weinbrand
1 EL Zucker

Royal-Drink

80 ml Milch
1 TL Zucker
40 ml Royal-Tara-Cremelikör, Schokolade mit Whisky

Vandermint-Drink

80 ml Milch
1 TL Kakao
30 ml Vandermint-Pfefferminz-Schokoladenlikör

Schoko-Drink

80 ml Milch
1 EL Schokoladensirup
20 ml Mokkalikör
10 ml Rum
1 TL Zucker

Grenadine-Drink

80 ml Milch
2 EL Grenadine
40 ml Apfelkorn
1 TL Zucker

Samos-Drink

80 ml Milch
1 TL Vanillezucker
40 ml Samos-Likörwein

Amaretto-Drink

80 ml Milch
1 EL Zucker
30 ml Amaretto di Saronno

Kürbis-Drink

80 ml Kaffeesahne
60 g eingelegte Kürbisstücke, zerdrückt
20 ml Weinbrand
Salz, Pfeffer, Muskat
1 TL Milchpulver

Maracuja-Drink

80 ml Milch
2 EL Maracujasirup
20 ml Maracuja mit Whisky
1 TL Puderzucker

Curaçao-Drink

80 ml Milch
30 ml Curaçao Triple sec
1 EL Honig

Ahorn-Drink

75 ml Milch
2 EL Ahornsirup
30 ml weißer Rum

Sellerie-Drink

40 ml Milch
80 ml Selleriesaft
1 Messerspitze Selleriesalz
Pfeffer, Zwiebelgewürz
1 Messerspitze getrocknete Petersilie
1 TL Milchpulver

Banano-Drink

80 ml Kaffeesahne
40 ml grüner Bananenlikör
1/2 Banane, gestückelt
1 TL Zucker

Mandarinen-Drink

80 ml Milch
40 ml Mandarinenlikör
1 EL Honig
1 EL Milchpulver
1 EL Mandarinenstücke

Karotten-Drink

40 ml Sahne
20 ml Weinbrand
80 ml Karottensaft
1 TL Vanillezucker

Mandel-Drink

80 ml Milch
3 TL Mandelmilch (verdünntes Marzipan)
20 ml Mandellikör
1 TL Vanillezucker

Heidelbeer-Drink

80 ml Kaffeesahne
50 ml Heidelbeerwein
1 TL Zucker
1 EL Milchpulver

Birnen-Drink

80 ml Milch
1/2 gedünstete Birne, zerdrückt
20 ml Birnengeist
1 TL Vanillezucker
1 TL Milchzucker

Brombeer-Drink

90 ml Sahne
30 ml Brombeerlikör
1 TL Zimtzucker
1 TL Traubenzucker

Kokos-Drink

80 ml Milch
1 EL Zucker
40 ml Kokosnußlikör

Milchmixgetränke mit Alkohol

Milchmixgetränke mit Alkohol

Diese Art der Milchmixgetränke hat schon sehr viele Liebhaber bei denen gefunden, die Milchmixgetränke nicht „kräftig“ genug finden und gern etwas Alkoholisches dabeihaben wollen.

Man kann den Milchmixgetränken je nach Geschmack die entsprechenden Alkoholsorten zufügen, angefangen von den verschiedenen Weinen, Südweinen, über Liköre bis zu den harten Schnäpsen. Es kommt immer auf die Geschmacksrichtung und Mischung an. Es können fast alle Spirituosen verwendet werden, nur nimmt man von den harten, strengen Sorten etwas weniger als von den süßen, weichen.

Sie werden feststellen, daß Milch ein sehr umgänglicher Mixgrundstoff ist. Er ist nicht teuer, und bei einem Fehlgriff kann leicht und schnell mit Milch ausgeglichen werden.

Diese alkoholische Art serviert man in Gläsern von etwa 200 ml, diese Getränke sind etwas gehaltvoller.

Zigeuner-Milch

150 ml Milch
20 ml Weinbrand
20 ml Schokoladensirup oder 1 TL Kakao
1/2 TL Zitronensaft
1 Messerspitze abgeriebene Zitrone

Calvados

160 ml Milch
20 ml Calvados
1 EL Zucker
1 EL Apfelmus
1 Messerspitze Zimt

Canada

160 ml Milch
20 ml Whisky
20 ml Eierlikör
1 EL Zucker
etwas Kakao aufstreuen

Negrita

175 ml Milch
20 ml Rum Negrita
1 EL Honig
1 TL Zucker

Schampus-Milch

1/2 Glas Milch
1 TL Zucker
1/2 Glas Sekt
Sahnerosette

Meran

100 ml Milch
75 ml Rotwein
10 ml Weinbrand
1 EL Zucker

Cointreau

150 ml Milch
20 ml Cointreau
1 EL Orangensaft
1 Messerspitze abgeriebene Orange
1 EL Zucker

Britannia-Milch

180 ml Milch
20 ml Gin
1 EL Zucker
1/2 EL Zitronensaft
1 Messerspitze abgeriebene Zitrone

Jaffa

180 ml Milch
20 ml Grand Marnier
1 EL Zucker
1 TL Zitronensaft
1 Orangenscheibe ans Glas stecken

Madrid

150 ml Milch
20 ml Apricot Brandy
10 ml Weinbrand
1 EL Zucker
1 Messerspitze Zimt

Daiquiri-Banane

150 ml Milch
1/2 Banane
1 EL Puderzucker
30 ml Daiquiri (Rum mit Zitrone)
3 Bananenscheiben am Spieß als Garnitur

Ei-Nuß

150 ml Milch
1 Päckchen Vanillezucker
40 ml Ei-Nuß-Likör
1 Florentiner als Beilage

Advocaat

140 ml Milch
40 ml Advocaat
1 Päckchen Vanillezucker

Kolibri

150 ml Milch
50 ml Ananassaft
20 ml Grapefruit-Ananas mit Wodka-Tropic
1 TL Puderzucker
Ananasspieß als Garnitur

Mango

130 ml Milch
2 EL Mangosirup
20 ml Lemon mit Rum
1 TL Zucker
Lemonscheibe am Glas als Garnitur

Apricot

150 ml Milch
30 ml Apricot Brandy
1 EL Zucker
1 Aprikosenhälfte am Glas als Garnitur

Schlehe

150 ml Milch
1 EL Zucker
30 ml Schlehe mit Wodka
1 EL Honig
1 Sand-„S“ als Beilage

Peppermint

150 ml Milch
40 ml Pfefferminzlikör
1 EL Zucker
1 Minzsträußchen

Blauer Toni

140 ml Milch
30 ml Curaçao blue
1 EL Zucker
1 EL Mandarinenstücke
Mandarinenspieß als Garnitur

Grüne Banane

120 ml Milch
1/2 Banane
20 ml grüner Bananenlikör
1 TL Vanillezucker
Bananenhälfte am Spieß

Brombeer

140 ml Milch
2 EL Brombeerkonfitüre
40 ml Brombeerlikör
1 Päckchen Vanillezucker
3 gezuckerte Brombeeren als Beilage

Anisette

150 ml Milch
1 EL Puderzucker
30 ml Anislikör
1 Anisplätzchen als Beilage

Sonnenschein

120 ml Milch
2 EL Sanddornextrakt
2 EL Honig
20 ml Eierlikör
1 Eierplättchen als Beilage

Quitte

120 ml Milch
2 EL Quittengelee
30 ml Quittenlikör
1 St. Quittenspeck ans Glas stecken

Kapbeere

120 ml Milch
40 g Kap-Stachelbeeren, gedünstet
20 ml Weinbrand
1 EL Zucker
1 Kap-Stachelbeere am Saughalm

Papaya

120 ml Milch
40 g Papayastücke, gedünstet
1 EL Puderzucker
20 ml Apfelkorn
2 Papayastücke mit einer Kirsche am Spieß über das Glas legen

Smyrna

120 ml Milch
2 getrocknete oder frische Feigen
1 TL Vanillezucker
20 ml Feigenlikör
1 Feige ans Glas stecken

Neuseeland

120 ml Milch
2 EL Kiwi-Toppingsauce
1 EL Zucker
20 ml Triple sec
1 Scheibe Kiwi ans Glas stecken

Kaki

120 ml Milch
1 Kakifruchtfleisch
1 EL Vanillezucker
20 ml Eierlikör
1 Kakifrucht ans Glas stecken

Mamoncillo Chino

120 ml Milch
4 Lychees, gedünstet
1 EL Vanillezucker
20 ml Nuß-Eierlikör
1 Lychee mit Kirsche am Spieß

Milchmixgetränke ohne Alkohol

Diese Getränkeart ist die einfachste Form der gemixten Getränke. Sie besteht aus Vollmilch, Früchten, frisch oder als Dosenware, Fruchtsäften und Zukker.

Milchmixgetränke enthalten viel Vollmilch, wenig Zutaten und sind eine gehaltvolle Erfrischung. Man kann sie mit einfachen Küchengeräten wie Quirl, Schneebesen oder auch Schüttelbecher herstellen. Durch den Mixquirl, Handquirl oder ein Mixgerät (Küchenmaschine) werden die Zutaten noch inniger mit der Milch verbunden und ergeben so eine gleichmäßige Konsistenz.

Die Milch und die Zutaten sollen möglichst kühl verarbeitet werden. Einige Roheiswürfel erhöhen die kühlende Wirkung der Getränke.

Die Dosierungen der Milch und der Zutaten sollten immer gleich sein, damit wir im Geschmack und der Konsistenz gleichmäßige Getränke bekommen. Ein Meßbecher gibt uns gute Hilfe, die Rezepte genau einzuhalten.

Will man sämigere Getränke, so kann man Milchpulver zugeben. Dieses löst sich leicht in der Flüssigkeit. Ebenso kann Malzpulver, Schokoladenpulver, Kakao oder Krem zum Sämigmachen verwendet werden.

Die Mischung nie zu schaumig, also zu lange, mixen. Die Mixzeit immer nach dem verwendeten Gerät einstellen.

Bei Zugabe von säurehaltigen Säften (Zitrone u. ä.) diese vorsichtig zum Schluß den Milchgetränken beigeben.

Für jede Gelegenheit und jeden Geschmack findet man unter den Milchmixgetränken das passende Getränk.

Zum Servieren verwendet man ein buntes Viertelliterglas und einen Saughalm.

Ananas-Milch

180 ml Milch
1/2 Scheibe Ananas
1 TL Zucker

*

100 ml Milch
100 ml Ananassaft
1/4 Scheibe Ananas
1 TL Zitronensaft

*

200 ml Milch
20 ml Ananassirup
1 TL Vanillezucker
Eiswürfel

Bananen-Milch

150 ml Milch
1 kleine Banane
1 Päckchen Vanillezucker

*

100 ml Milch
50 ml Sahne
1 kleine Banane
2 TL Zucker
3 Tropfen Zitrone

Mandel-Milch

180 ml Milch
1 EL Zucker
50 g Rohmarzipan

*

200 ml Milch
3 Tropfen Mandelöl
2 EL Zucker
20 ml Rohsahne

Zitronen-Milch

200 ml Milch
3 TL Zucker
1 Zitrone (Saft)

Zitronensaft langsam einrühren oder Zutaten schütteln.

*

200 ml Milch
20 ml Zitronensirup
1 TL Zucker

*

100 ml Milch
1 EL Zucker
1 Zitrone (Saft)
abgeriebene Zitronenschale
1 Eiweiß-Schnee mit
1/2 TL Zucker daraufsetzen

Grapefruit-Milch

150 ml Milch
3 TL Zucker
60 ml Grapefruitsaft

Orangen-Milch

50 ml Milch
1 Orange (Saft)
abgeriebene Orangenschale
1 Eiweiß-Schnee mit
1 TL Zucker darunterziehen

*

125 ml Milch
2 TL Zucker
60 ml Orangensaft

Pfirsich-Milch

180 ml Milch
1 Päckchen Vanillezucker
1 großer, reifer Pfirsich

*

100 ml Milch
20 ml Himbeersaft
1 großer Pfirsich
20 ml Rohsahne (ungeschlagen)

Aprikosen-Milch

100 ml Milch
20 ml Sahne oder kondensierte Milch
2 Aprikosen ohne Stein
10 ml Orangensirup
1 TL Zucker

*

125 ml Milch
1 EL Zucker
2–3 Aprikosen ohne Stein
1 TL Zitronensaft

Apfel-Milch

150 ml Milch
1/2 Apfel, geschält und entkernt
1 TL Zitronensaft
1 EL Zucker

*

150 ml Milch
3 EL Apfelmus
1 TL Zitrone
1 TL Zucker
1 Prise Zimt

Jonathan-Milch

100 ml Milch
125 ml Apfelsaft
1 TL Zitronensaft
1 EL Zucker

Birnen-Milch

150 ml Milch
1/2 Birne, geschält und entkernt
1 EL Zucker
1 Prise Zimt
1 TL Zitronensaft

Melonen-Milch

100 ml Milch
125 g Melone, püriert
1 EL Zucker
1 TL Zitronensaft

Schokoladen-Milch

200 ml Milch
20 ml Rohsahne
1 EL Schokoladenpulver
1 TL Zucker
1 TL Honig

Weintrauben-Milch

100 ml Milch
100 ml Traubensaft
1 TL Zucker
20 ml Sahne oder kondensierte Milch
1 Päckchen Vanillezucker

*

150 ml Milch
50 g Weintrauben
1 EL Zucker

Stachelbeer-Milch

150 ml Milch
75 g Stachelbeeren, eingedünstet oder püriert
2 EL Zucker

Kakao-Milch

200 ml Milch
20 ml Rohsahne
2 TL Kakao
2 TL Zucker

Honig-Ei-Milch

150 ml Milch
1 EL Honig
1 Eigelb
1 Prise Zimt
1 TL Zucker

Zitronen-Milch

150 ml Milch
1 EL Honig
1 Eigelb
1 EL Zitronensaft
1 TL Traubenzucker

Braune Milch

225 ml Milch
2 TL Schokoladenpulver
1 Päckchen Vanillezucker

Pralinen-Milch

200 ml Milch
1 EL Schokoladensirup
1 Päckchen Vanillezucker
1 EL geschlagene Sahne

Mokka-Milch

225 ml Milch
1 g oder 1 TL Pulverkaffee
2 TL Zucker

Wiener Milch

200 ml Milch
20 ml Sahne
1 g oder 1 TL Pulverkaffee
2 TL Zucker

Halbe-Halbe

200 ml Milch
1 EL Schokoladensirup
1 g Pulverkaffee
1 TL Zucker
20 ml Rohsahne

Cassis-Milch

200 ml Milch
30 ml schwarzer Johannisbeersirup
1 TL Honig

Schwarze-Johannisbeer-Milch

150 ml Milch
100 ml schwarzer Johannisbeersaft
1 TL Traubenzucker
1 TL Zucker

Brombeer-Milch

180 ml Milch
50 g Brombeeren
2 TL Zucker

*

200 ml Milch
2 EL Brombeermarmelade
1 TL Zitronensaft
1 TL Zucker

Malz-Milch

180 ml Milch
2 TL Malzextrakt oder Malzpulver
2 TL Zucker
1 Eigelb

Malbie-Milch

100 ml Milch
100 ml Malzbier
20 ml Rohsahne
1 TL Zucker

Sanddorn-Milch

225 ml Milch
2 TL Zucker
2 TL Sanddorn

Sandy-Milch

180 ml Milch
20 ml Sanddornsirup
1 TL Zucker
1 Eigelb

Heidelbeer-Milch

180 ml Milch
50 g Heidelbeeren
1 EL Zucker

Blackbeer-Milch

180 ml Milch
20 ml Sahne
50 g Heidelbeermarmelade

Karamel-Milch

200 ml Milch
2 EL Karamelextrakt

Erdbeer-Milch

150 ml Milch
2 TL Zucker
20 ml Erdbeersirup
50 g Erdbeeren
1 TL Zitronensaft oder -sirup

Senga-Milch

200 ml Milch
20 ml Erdbeersirup
20 ml Erdbeermark
1 TL Zucker
1 TL Zitronensaft

Himbeer-Milch

180 ml Milch
1 EL Zucker
50 g Himbeeren

Himbi-Milch

150 ml Milch
50 ml Himbeersaft
1 TL Zitronensaft
Eiswürfel

Bickbeer-Milch

180 ml Milch
2 EL Zucker
abgeriebene Zitrone
50 g Preiselbeeren

Cassis-Milch

100 ml Milch
120 ml Johannisbeersüßmost

Kirsch-Milch

180 ml Milch
1 EL Zucker
50 g Kirschen
1 Tropfen Bittermandelöl

*

100 ml Milch
120 ml Kirschsüßmost
Eiswürfel

Cherry-Milch

200 ml Milch
30 ml Kirschsirup
1 TL Vanillezucker
Eiswürfel

Preiselbeer-Milch

200 ml Milch
2 EL Preiselbeermarmelade
1 TL Zucker

Johannisbeer-Milch

150 ml Milch
70 g Johannisbeeren
3 TL Zucker

Möhren-Milch

180 ml Milch
50 ml Möhrensaft
1 EL Zucker
1 TL Zitronensaft

Tomaten-Milch

175 ml Milch
2 EL Tomatenmark
1 TL Zitronensaft
1 Messerspitze abgeriebene Zitronenschale
1 Prise Salz
1 EL Zucker

Hagebutten-Milch

170 ml Milch
2 EL Hagebuttenmark
1 EL Zucker

Blutorangen-Milch

150 ml Milch
1 Blutorange (Saft)
abgeriebene Orangenschale
1 EL Honig
1/2 Zitrone (Saft)

Mango-Milch

150 ml Milch
2 EL Honig
2 EL Mangosirup
1 Päckchen Vanillezucker

Guave-Milch

100 ml Milch
70 ml Guavennektar
1 EL Zimtzucker
1 TL Honig

Pflaumen-Milch

150 ml Milch
3 EL Pflaumenmus
1/2 TL Sionon, flüssig

Kiwi-Milch

150 ml Milch
50 ml Kiwi-Toppingsauce
1 TL Zucker

Schlehen-Milch

200 ml Milch
2 EL Schlehensirup
1 EL Zucker

Maracuja-Milch

150 ml Milch
2 TL Süßstoff
2 TL Maracujasirup
1/2 TL Zitronensaft

Quitten-Milch

150 ml Milch
2 EL Quittengelee
2 St. Quittenspeck

Bananen-Milch

150 ml Milch
50 ml Bananensirup
1/2 TL Sionon, flüssig

Milchshakes

Wie schon aus dem Namen ersichtlich, ist diese Getränkeart amerikanischen Ursprungs. Die „Milk-Shakes“ entstanden in sehr vielfältiger Form zur Zeit des Alkoholverbots in Amerika und wurden dort zum Volksgetränk.

Auch bei uns hat sich diese nahrhafte und erfrischende Art sehr schnell durchgesetzt. Sie wird in jedem Fall mit Eiskrem oder Speiseeis hergestellt. Die am häufigsten verwendeten Speiseeissorten sind Vanilleeis und Vanilleeiskrem. Diese können auch in den Rezepten an Stelle der anderen angegebenen Sorten verwendet werden.

Vanilleeis und Vanilleeiskrem verfeinern den Geschmack der Shakes und sind geschmacksverbindend, da sie nicht aufdringlich hervorschmecken.

Man sollte die Rezepturen genau befolgen, wenn man Milchshakes von besonderer Qualität erhalten will. Es genügt nicht, nur die Zutaten in die Mixmaschine zu geben. Vor allem ist auf gutgekühlte Milch zu achten. Ungenügend gekühlte Milch ergibt einen laschen Geschmack und ein geringeres Volumen.

Beim Mixen ist auch folgende Regel zu beachten: Zuerst die Milch in den Mixbecher geben, erst dann folgen Eis, Sirup, Obst usw.

Die Laufzeit des Mixers richtet sich nach der Art des Gerätes. Ob ein Mixquirl oder ein Küchenmixgerät verwendet wird, ist gleichgültig. Nur muß jeweils die Mixzeit entsprechend verändert werden, damit der Milchshake schön sämig-homogen wird.

Etwa 1 Minute Mixzeit ist die Durchschnittsnorm. Die in den Rezepten angegebenen Zutaten sind auf ein Viertelliterglas berechnet. Die Speiseeismenge entspricht etwa 2 mittleren Halbkugeln ($^1/_{30}$ Portionierer). 1 Teelöffel Pulverkaffee entspricht etwa 1 Gramm.

Für Freunde alkoholisierter Milchshakes ist natürlich auch etwas dabei. Diese Art bezeichnet man mit Ice-Cream-Frappés, das sind kalte Mixgetränke, die immer Speiseeis mit Milch zur Grundlage haben und beliebig mit Likören, Schnäpsen, Fruchtsäften usw. zusammengesetzt werden können.

Zitronen-Milchshake

125 ml Milch
70 ml Vanilleeiskrem
20 ml Zitronensirup oder
1 Zitrone, entsaftet (Zucker beigeben)

Ananas-Milchshake

125 ml Milch
70 ml Ananaseiskrem
1 EL Ananas, geraspelt
3 Tropfen Zitrone

Mandel-Milchshake

125 ml Milch
70 ml Vanilleeiskrem
25 g Marzipan

Orangen-Milchshake

125 ml Milch
70 ml Vanilleeiskrem
20 ml Orangensirup oder
1 Orange, entsaftet, mit Zucker
1 Scheibe Orange an das Glas stecken

Ei-Honig-Milchshake

125 ml Milch
70 ml Vanilleeiskrem
1 Eigelb
1 EL Honig
3 Tropfen Zitrone

Schokoladen-Milchshake

125 ml Milch
70 ml Schokoladeneiskrem
20 ml Schokoladensirup oder
1 EL Schokoladenpulver

Erdbeer-Milchshake

125 ml Milch
70 ml Erdbeereiskrem
20 ml Erdbeersirup
3 Tropfen Zitronensaft

*

125 ml Milch
70 ml Erdbeereiskrem
4 Erdbeeren

Mokka-Milchshake

125 ml Milch
70 ml Vanilleeiskrem
20 ml Mokkaextrakt
1 TL Zucker

*

125 ml Milch
35 ml Vanilleeiskrem
35 ml Schokoladeneiskrem
1 TL Pulverkaffee

Malz-Milchshake

125 ml Milch
70 ml Vanilleeiskrem
20 g Malzpulver oder Malzextrakt
1 TL Zucker

Neba-Milchshake

100 ml Milch
35 ml Vanilleeiskrem
35 ml Schokoladeneiskrem
1 g Pulverkaffee
1/2 Banane

Sanddorn-Milchshake

125 ml Milch
70 ml Vanilleeiskrem
1 EL Sanddorn
1 TL Traubenzucker

Lebenswecker-Milchshake

100 ml Milch
70 ml Vanilleeiskrem
1 Eigelb
1 TL Malzextrakt
1 TL Sanddorn
20 ml Schokoladensirup

Bananen-Milchshake

125 ml Milch
35 ml Vanilleeis
35 ml Zitroneneis
1 kleine Banane

Karamel-Milchshake

125 ml Milch
70 ml Vanilleeiskrem
1 EL Karamelextrakt

Ora-Milchshake

125 ml Milch
70 ml Vanilleeiskrem
20 ml Orangensirup
20 ml Ananassirup

Nuß-Milchshake

125 ml Milch
70 ml Nußeiskrem
1 TL Zucker
1 TL geraspelte Nüsse

Nugat-Milchshake

125 ml Milch
35 ml Vanilleeiskrem
35 ml Schokoladeneiskrem
25 g Nugat
1 TL Zucker

Pfirsich-Milchshake

100 ml Milch
70 ml Vanilleeiskrem
1/2 Pfirsich
20 ml Cointreau
1 TL Zucker

Twen-Milchshake

100 ml Milch
70 ml Vanilleeiskrem
1 TL Pulverkaffee
20 ml Eierlikör
1 TL Zucker

Tomaten-Milchshake

80 ml Milch
80 ml Tomatensaft
60 ml Zitroneneis
1 Prise Salz, Pfeffer

Mango-Milchshake

75 ml Milch
60 ml Mangosaft
30 ml Erdbeerfruchteis
30 ml Zitroneneis
1 TL Süßstoff

Karotten-Milchshake

80 ml Milch
80 ml Karottensaft
2 EL Honig
50 ml Zitroneneis

Schlemmer-Milchshake

100 ml Milch
70 ml Vanilleeiskrem
25 g Nugat
1 g Pulverkaffee
1 TL Zucker

Kokos-Milchshake

80 ml Milch
70 ml Kokosmilch
1 EL Zucker
30 ml Vanilleeis
20 ml Pinacolada-Likör

Goldi-Milchshake

100 ml Milch
70 ml Eierliköreiskrem
20 ml Vanillelikör

Cassis-Milchshake

100 ml Milch
70 ml Cassiseiskrem
20 ml Cassislikör

Waldmeister-Milchshake

100 ml Milch
60 ml Waldmeister-Kunstspeiseeis
20 ml Pfefferminzlikör

Joghurt-Milchshake

50 ml Milch
75 ml Joghurt
2 EL Feigenkonfitüre
20 ml Feigenlikör
30 ml Orangeneis
30 ml Zitroneneis

Milchcocktails

Die verschiedenen Mischungen von Milch mit Gemüsesäften ergeben pikante Milchgetränke.

Sie sind gerade im Winter und Frühjahr recht beliebt, denn in der vitaminarmen Jahreszeit führen sie uns wertvolle Vitamine zu.

Dabei kommt der Geschmack nicht zu kurz. Durch Zusatz von Gewürzen und Kräutern erzielen wir eine besondere Geschmackskombination.

Zur Herstellung des Gemüse- oder Obstsaftes benötigt man einen Entsafter, um möglichst viel Saft zu erhalten. Zum Mixen genügt dann meistens ein Schneebesen oder auch eine Gabel.

Für Alkoholliebhaber besteht noch die Möglichkeit, mit Wein oder Spirituosen abzuschmecken. Ebenso kann man die Getränke süß, salzig oder säuerlich gestalten.

Variieren Sie selbst! Für jeden Geschmack kann man etwas zubereiten.

Tomato

100 ml Milch
1 Tomate, püriert
2 TL Zitronensaft
Salz, Pfeffer
20 ml Gin
Petersilie, Muskat, Eiswürfel

Kraft-Cocktail

150 ml Milch
50 ml Selleriesaft
1 Prise Salz
1 EL Honig
gewiegtes Selleriekraut
Eiswürfel

Spinat-Cocktail

150 ml Milch
50 g Spinatsaft
1 TL Zitronensaft
1 TL Zucker
Eiswürfel

Möhren-Cocktail

150 ml Milch
50 ml Möhrensaft
1 Prise Salz
Eiswürfel

Sellerie-Cocktail

100 ml Milch
40 ml Selleriesaft
30 ml Apfelsaft
2 TL Zitronensaft
2 TL Zucker
Eiswürfel

Bunter Cocktail

80 ml Tomatensaft
40 ml Gurkenpüree, abgeschmeckt
1 EL Reis-Crispies
2 EL Sahne, leicht geschlagen
1/2 TL Kresse oder Petersilie

Frühlings-Cocktail

100 ml Milch
50 g Spinatsaft
1 TL Zitronensaft
20 ml Kräuterlikör
1 TL Zucker
Eiswürfel

Gurken-Cocktail

100 ml Milch
50 ml Gurkensaft
1 TL Zitronensaft
1 Prise Salz
etwas Dill aufstreuen

Pariser Cocktail

100 ml Milch
50 ml Möhrensaft
1 TL Zitronensaft
2 TL Zucker
20 ml Weinbrand
Eiswürfel

Paprika-Cocktail

100 ml Milch
1 TL Paprikamark
1 Prise Zucker
1 TL Honig
1 TL Zitronensaft
20 ml Cointreau
Eiswürfel

Petersilien-Cocktail

100 ml Milch
1 Prise Salz
1 Spritzer Worcestersauce
1 Prise süßer Paprika
1 TL feingehackte Petersilie
20 ml Rum
Eiswürfel

Oliven-Cocktail

100 ml Milch
4 Oliven, entsteint, fein gewiegt
3 Sardellenfilets, fein gehackt
2 TL Tomatenketchup
1 TL Zitronensaft
feingehackte Petersilie aufstreuen

Erbsen-Cocktail

100 ml Milch
50 g grüne Erbsen
1 TL Zitronensaft
2 TL Zucker
20 ml Popocatepetl
Eiswürfel

Rettich-Cocktail

100 ml Milch
50 ml Rettichsaft
1 Prise Salz
1 Prise Zucker
Eiswürfel
1 Prise feingeriebener Thymian

Milchsoda

Milchmixgetränke mit Sodawasser oder Mineralwasser sind eine Besonderheit. Man kann sie je nach Geschmack kalt oder warm herstellen. Heiße Milch mit Wasser der verschiedenen Heilquellen wurde schon früher als Hausmittel gegen Erkältungen verwendet. Für die warme Jahreszeit kommen natürlich nur eisgekühlte Milchsodas in Frage.

Zur Herstellung benötigen wir nur einen Shaker oder Schüttelbecher. In diesen geben wir die abgemessenen Zutaten außer Sodawasser. Das Soda- oder Mineralwasser geben wir vorsichtig zum Schluß in das Glas. Je mehr ein Wasser Kohlensäure enthält, um so vorsichtiger müssen wir eingießen, denn durch die Kohlensäure schäumt die Milch. Am besten eignet sich deshalb Sodawasser.

Heute verwendet man die verschiedensten Zusammenstellungen, und als Spezialitäten kommen sie gut bei den Gästen an. In diese Gruppe gehören auch die beliebten Milch-Cola-Mischungen.

Versuchen Sie selbst einmal, Milchsodas zuzubereiten. Dieses Feld ist groß, und jede Mischung hat ihre Freunde. Am besten werden die Milchsodas in Limogläsern serviert (Inhalt ca. 250 ml), natürlich mit Saughalm.

Milch-Soda

130 ml Milch
1 TL Zucker
Sodawasser

Apfel-Soda

80 ml Milch
80 ml Apfelsaft
1 TL Zitronensaft
Sodawasser

Calvados-Soda

80 ml Milch
20 ml Grenadine
10 ml Calvados
Sodawasser

Hawaii-Soda

80 ml Milch
80 ml Ananassaft
Sodawasser

Hummi-Soda

90 ml Milch
40 ml Himbeersaft
Sodawasser

Himbeer-Soda

100 ml Milch
50 g Himbeermark
Sodawasser

Erdbeer-Soda

100 ml Milch
50 g Erdbeermark
1 TL Zitronensaft
Sodawasser

Sengana-Soda

100 ml Milch
40 ml Erdbeersirup Sengana
10 ml Weinbrand
Sodawasser

Cola-Milch

125 ml Milch
10 ml Zitronensirup
mit Cola auffüllen

Ananas-Soda

100 ml Milch
40 ml Ananassirup
Sodawasser

Annamie-Soda

100 ml Milch
20 ml Orangensirup
10 ml Cointreau
mit Cola auffüllen

Nuß-Soda

80 ml Milch
2 TL Nußmark
10 ml Noisettelikör
Sodawasser

Tee-Soda

80 ml Milch
80 ml schwarzer Tee
2 TL Zucker
Sodawasser

Zitrus-Soda

100 ml Milch
20 ml Zitronensirup
10 ml Grand Marnier
mit Cola auffüllen

Schoko-Soda

125 ml Milch
2 TL Kakao
2 TL Zucker
Sodawasser

Popocatepetl-Soda

100 ml Milch
20 ml Orangensirup
20 ml Popocatepetl-Kräuterlikör
mit Cola auffüllen

Mokka-Soda

50 ml Milch
50 ml Mokka
2 TL Zucker
10 ml Gin
Sodawasser

Aromatique-Soda

100 ml Milch
2 TL Sanddorn
20 ml Kräuterlikör Aromatique
2 TL Zucker
mit Cola auffüllen

Schoko-Malz-Soda

125 ml Milch
1 TL Kakao
2 TL Malzextrakt
1 TL Zucker
1 TL Vanillezucker
Sodawasser

Maracuja-Soda

100 ml Milch
70 ml Maracujanektar
1 TL Zucker
Sodawasser

Emser Soda

(sehr gut gegen Husten)

125 ml heiße Milch
125 ml warmes Emser Heilwasser
1 EL Honig

Grenadine-Soda

100 ml Milch
50 ml Grenadinesirup
1 TL Zucker
Tonic Water

Cola-Mix-Soda

100 ml Milch
40 ml Daiquiri
1 TL Zucker
Cola-Mix

Cocos-Soda

100 ml Milch
40 ml Cocosala-Soft-Drink
1 TL Vanillezucker
Fanta

Irish Soda

100 ml Milch
50 ml Irish-Cream-Likör
1 TL Puderzucker
Sodawasser

Mango-Soda

100 ml Milch
40 ml Mangosirup
2 EL Honig
Orangenlimonade

Huflattich-Soda

100 ml Milch
50 ml Huflattichsaft
3 EL Honig
1 TL Zitronensirup
Bitter Lemon

Paradeiser-Soda

100 ml Milch
60 ml Tomatenketchup
20 ml Campari
Tonic Water

Kresse-Soda

100 ml Milch
60 ml Kressesaft
1 EL Sanddornextrakt
1 EL Zucker
Bitter Lemon

Fenchel-Soda

100 ml Milch
30 ml Fenchelsaft
1/2 TL Sionon, flüssig
Ginger Ale oder
Tonic Water

Brennessel-Soda

100 ml Milch
40 ml Brennesselsaft
2 EL Zucker
Tonic Water

Karotten-Soda

100 ml Milch
60 ml Karottensaft
1 EL Zucker
Tonic Water

Eiskremsoda

Die Amerikaner und Engländer bezeichnen ihre Eiskremsodas als „Durstlöscher“. Sie erfreuen sich dort großer Beliebtheit, und auch bei uns finden sie immer mehr Anhänger.

Für unseren Geschmack ist die amerikanisch-englische Art des puren Sodawassers mit Eiskrem zu fad. Wir lieben eine Geschmacksverbesserung durch püriertes Obst oder Fruchtsirup.

Als moderne Variante kann man die Eiskremsodas bezeichnen, welche eine der vielen Limonaden als Grundlage haben. Aber auch Fruchtnektare erleichtern die Arbeit sehr und ermöglichen ein größeres Angebot.

In der Herstellung unterscheide ich zwei Sodaarten, wobei der Unterschied in der Sahnezugabe liegt. Einmal findet die geschlagene Sahne nach der Sodazugabe als Garnierung Verwendung. Diese Sodas sehen klar aus und sind verhältnismäßig schnell anzurichten. Zum anderen wird Rohsahne oder kondensierte Milch mit dem Sirup vor der Sodazugabe hinzugefügt. Diese Art benötigt eine längere Zubereitungszeit und sieht trübe aus.

Den Eiskrem gibt man am besten nach dem Sodawasser hinzu. Die Eiskremkugeln zerfallen dann nicht so leicht, und das Getränk schäumt nicht so stark. Ist das Glas nicht ganz voll, so füllen wir nochmals Sodawasser nach.

Mit beiden Anrichtearten erzielt man in den Limonadengläsern sehr schöne Schaumkronen. Serviert werden Limonadenstangen mit Stiellöffel und Saughalm.

Eiskremsoda Orange

30 ml Orangensirup
Sodawasser
35 ml Vanilleeis
35 ml Zitroneneis
10 g Sahnegarnierung

Eiskremsoda Ananas

30 ml Ananassirup
Sodawasser
35 ml Vanilleeiskrem
35 ml Ananaseiskrem
10 g Sahnegarnierung

Eiskremsoda Zitrone

30 ml Zitronensirup
Sodawasser
35 ml Zitroneneis
35 ml Vanilleeis
10 g Sahnegarnierung

Eiskremsoda Kirsch

40 ml Kirschsirup
20 ml Rohsahne
70 ml Vanilleeiskrem
Sodawasser

Eiskremsoda Heidelbeer

3 EL Heidelbeerkonfitüre (oder pürierte Heidelbeeren mit 1 EL Zucker)
Sodawasser
35 ml Vanilleeiskrem
35 ml Zitroneneiskrem
10 g Sahnegarnierung

Eiskremsoda Johannisbeer

3 EL pürierte Johannisbeeren, mit 2 EL Zucker vermischt
Sodawasser
70 ml Vanilleeiskrem
10 g Sahnegarnierung

Eiskremsoda Erdbeer

3 EL Erdbeermark oder pürierte Erdbeeren
20 ml Rohsahne
Sodawasser
35 ml Erdbeereis
35 ml Vanilleeis

Eiskremsoda Brombeer

3 EL pürierte Brombeeren
20 ml Rohsahne
Sodawasser
70 ml Vanilleeiskrem

Eiskremsoda Maracuja

60 ml Maracujanektar
20 ml Zitronensaft
Sodawasser
$^{1}/_{30}$ l Maracuja-Eiskrem
10 g Sahne

Eiskremsoda Mango

80 ml Mangonektar
20 ml Zitronenlikör
Sodawasser
$^{2}/_{40}$ l Zitroneneis

Eiskremsoda Guave

80 ml Guavennektar
Zitronenlimonade
$^{2}/_{40}$ l Aprikosenfruchteis
10 g Sahne

Eiskremsoda Cola

150 ml Cola
$^{2}/_{40}$ l Zitronenfruchteis

Eiskremsoda Hawaii

80 ml Ananassaft natur
1 EL Ananaskonfitüre
1 EL Zitronensaft
Sodawasser
$^{1}/_{40}$ l Zitronenfruchteis
10 g Sahne

Eiskremsoda Waldmeister

150 ml Zitronenlimonade
$^{2}/_{40}$ l Waldmeister-Kunstspeiseeis
Sahnetupfen

Eiskremsoda Schokolade

40 ml Schokoladensirup
20 ml Rohsahne
70 ml Vanilleeiskrem
Sodawasser

Eiskremsoda Zitro

150 ml Zitronenlimonade
1/30 l Zitronenfruchteis
1/30 l Aprikosenfruchteis
Sahnetupfen
1/4 Aprikose

Eiskremsoda Lemon

150 ml Bitter Lemon
1/30 l Zitronenfruchteis
1/30 l Orangenfruchteis
Sahnetupfen
Limonenscheibe

Eiskremsoda Grape

150 ml Grape Tonic
1/30 l Zitronenfruchteis
1/30 l Bananeneis
Sahnetupfen
Bananenscheibe

Eiskremsoda Heidelbeer

150 ml Zitronenlimonade
2/40 l Heidelbeereis
Sahnetupfen
Heidelbeeren

Eiskremsoda Apfel

150 ml Apfelwein (Cidre)
1/30 l Apfeleiskrem
1/30 l Zitroneneiskrem
Sahnetupfen
Apfelscheibe

Eiskremsoda Fany

150 ml Orangenlimonade
1/30 l Zitronenfruchteis
1/30 l Orangeneis
Sahnetupfen
Orangenfilet

Eiskremsoda Ginger

150 ml Ginger Ale
2/30 l Zitroneneis
Sahnetupfen
Zitronenfilet

Eiskremsoda Orange-Campari

150 ml Tonic Water
2/40 l Orange-Campari-Eiskrem
Sahnetupfen
Orangenfilet

Eiskremsoda Aprikose

120 ml Bitter Lemon
20 ml Aprikosensirup
$^{2}/_{40}$ l Aprikoseneiskrem
Sahnetupfen, Tupfen
Aprikosenmarmelade

Eiskremsoda Kiwi

120 ml Zitronenlimonade
4 EL Kiwi-Toppingsauce
$^{2}/_{40}$ l Vanilleeiskrem
Sahnetupfen
$^{1}/_{2}$ Scheibe Kiwi

Eiskremsoda Cassis

120 ml Ginger Ale
20 ml Cassissirup
$^{1}/_{20}$ l Cassiseiskrem
Sahnetupfen

Eiskremsoda Orange

140 ml Ginger Ale
$^{2}/_{40}$ l Zabaione-Malaga-Eiskrem
10 g Sahne
Eierlikörtupfen

Eiskremsoda Pistazie

130 ml Ginger Ale
20 ml Waldmeistersirup
$^{2}/_{40}$ l Pistazieneiskrem
Sahnetupfen
1 Waldmeisterblättchen oder
$^{1}/_{2}$ Pistazienkern

Eiskremsoda Banane

150 ml Zitronensprudel
$^{2}/_{40}$ l Bananeneiskrem
Sahnetupfen,
Scheibe Banane

Sorbets

Sorbet ist ein leicht gefrorenes Eis, hergestellt unter Verwendung von Weiß- oder Rotwein, Portwein, Madeira, Sekt, Likör, Fruchtsirup oder -saft, und zwar zu einem Drittel oder Viertel der Gesamtmenge. Man kann auch eine Eiweißmasse oder Schlagsahne dazugeben. Diese Masse wurde früher in der Eismaschine leicht kristallinisch ausgefroren.

Sorbets werden, da halbgefroren, rasch mit Saughalm und Stiellöffel serviert. Beliebt sind sie als Erfrischung nicht nur in einer großen Menüfolge, sondern auch nach einem Menü und als Portion am Nachmittag.

Leicht lassen sich Sorbets unter Verwendung von fertigem Speiseeis herstellen. Dabei gibt es mehrere Möglichkeiten, und zwar zunächst die Zugabe von Wein oder Likör zum fertigen Fruchteis oder Eiskrem, dann das Mixen von Fruchteis, Likör und Sahne oder die Zugabe von Fruchteis zu Sekt.

Schnell, einfach und preiswert erhält man ein Sorbet, wenn man z. B. Erdbeerfruchteis mit Rotwein in einem Gefäß kurz verrührt, die Masse in stark gekühlte Gläser einfüllt, diese ausgarniert und sofort serviert. Man kann auch Zitronenfruchteis mit Zitronenlikör und Schlagsahne in einen Mixbecher geben und nur wenige Sekunden mixen, dann in Gläser einfüllen, diese ausgarnieren und servieren.

Etwas Besonderes sind die modernen Sektsorbets. Dazu wird Sekt in gekühlte Sektgläser gegeben, außerdem – je nach Größe der Gläser – ein bis zwei Kugeln Fruchteis. So erhält man schnell eine Spezialität erlesenen Geschmacks. Diese Art wird ohne Verrühren hergestellt.

Durch Verwendung verschiedener Wein-, Sekt- und Likörsorten kann für jedes Menü und für jeden Geschmack das richtige Sorbet hergestellt werden. Den richtigen Pfiff gibt aber erst ein köstliches Eis.

Blaubeer-Sorbet

$^1/_{30}$ l Blaubeerfruchteis
20 ml Rotwein
1 EL Sahne

Zutaten verrühren.

Bananen-Sorbet

$^1/_{30}$ l Bananeneiskrem
20 ml Bananenlikör

Zutaten verrühren. Bananenscheiben am Spieß einstecken.

Pistazien-Sorbet

$^1/_{30}$ l Pistazieneiskrem
20 ml Amarettolikör
1 EL Sahne

Zutaten verrühren. Sorbet mit gehackten Pistazienkernen bestreuen.

Mokka-Sorbet

$^1/_{30}$ l Mokkaeiskrem
20 ml Schokoladenlikör
1 EL Sahne

Zutaten verrühren. Sorbet mit Sahnetupfen und Mokkabohne garnieren.

Apfel-Sorbet

$^1/_{30}$ l Apfeleiskrem
20 ml Calvados

Zutaten verrühren. Als Garnitur dient ein Apfelstück.

Stracciatella-Sorbet

$^1/_{30}$ l Stracciatellaeiskrem
20 ml Eierlikör
1 EL Sahne

Zutaten verrühren. Sahnetupfen mit Schokoladenraspeln bestreuen.

Maracuja-Sorbet

$^1/_{30}$ l Pfirsich-Maracuja-Eiskrem
20 ml Maracuja
Bourbon-Whiskey

Zutaten verrühren. Sahnetupfen mit Maracujastück garnieren.

Waldmeister-Sorbet

$^1/_{30}$ l Waldmeister-Kunstspeiseeis
40 ml Riesling (Weißwein)

Zutaten verrühren. Sorbet mit Waldmeisterzweig garnieren.

Kokos-Sorbet

$^{1}/_{30}$ l Bananeneiskrem
20 ml Kokoslikör

Zutaten verrühren. Sahnetupfen mit gerösteten Kokosflocken überstreuen.

Mandel-Sorbet

$^{1}/_{30}$ l Mandeleiskrem
20 ml Amarettolikör
1 EL Sahne

Zutaten vermischen. Sahnetupfen mit einer gerösteten Mandel dient als Garnitur.

Mango-Sorbet

1 TL Mangosirup
$^{3}/_{4}$ Glas Sekt
$^{1}/_{40}$ l Zitronenfruchteis

Sirup und Sekt verrühren, Eis dazugeben.

Limonen-Sorbet

1 EL Limonensaft
$^{3}/_{4}$ Glas Sekt
$^{1}/_{40}$ l Zitronenfruchteis

Limonenscheibe am Glasrand.

Cassis-Sorbet

20 ml Cassislikör
$^{3}/_{4}$ Glas Sekt
$^{1}/_{30}$ l Himbeerfruchteis

Johannisbeer-Sorbet

20 ml Johannisbeerkorn
$^{3}/_{4}$ Glas Sekt
$^{1}/_{30}$ l Erdbeerfruchteis

Johannisbeertraube, in Zucker gewälzt, am Glasrand.

Papaya-Sorbet

1 EL Papayastückchen
$^{3}/_{4}$ Glas Sekt
$^{2}/_{40}$ l Aprikosenfruchteis

Sahnetupfen mit Papayastückchen.

Quitten-Sorbet

1 EL Quittengelee
$^{1}/_{30}$ l Pfirsich-Maracuja-Eiskrem
20 ml Grand Marnier

Zutaten verrühren. Als Garnitur dient Sahnetupfen mit Quittenspeckstück.

Erdbeer-Sorbet

20 ml	Erdbeerwein
2/40 l	Erdbeereiskrem verrühren und ins Glas spritzen
1/2	Erdbeere auflegen

Johannisbeer-Sorbet

10 ml	Johannisbeerlikör
2/40 l	Cassiseiskrem verrühren und ins Glas geben
	Sahnetupfen

Maraschino-Sorbet

1 TL	geriebene Mandeln
20 ml	Maraschinolikör
1/30 l	Mandeleiskrem verrühren und ins Glas spritzen
1/2	Mandel auflegen

Blaumohn-Sorbet

1 TL	gemahlener Mohn
1/2 TL	Puderzucker
1/30 l	Vanilleeiskrem

Mohn und Zucker mischen, Eis dazugeben und verrühren. Sahnetupfen mit gemahlenem Mohn bestreuen.

Orangen-Sorbet

250 ml	Orangensaft
200 g	Zucker
50 ml	Zitronensaft
80 ml	Cointreau
1	Eiweiß zu Schnee

Mix leicht ausfrieren, Cointreau und Eiweiß hinzugeben. Halbgefroren in Gläser einspritzen.

Riesling-Sorbet

250 ml	Riesling-Weißwein
200 g	Zucker
50 ml	Zitronensaft
1	Zitrone, abgerieben
1	Eiweiß zu Schnee

Mix in einer Sorbetiere leicht ausfrieren, in Gläser füllen, kalt stellen und als Zwischengericht oder Nachtisch servieren.

Minze-Sorbet

10 ml	Minze-Likör
1/30 l	Waldmeistereiskrem
	verrühren und
	ins Glas geben
	Minzeblättchen

Dill-Sorbet

1 TL	Dillspitzen
2/40 l	Zitronenfruchteis
	verrühren und ins Glas
	geben
	Dillsträußchen

Petersilien-Sorbet

1 TL	gehackte Petersilie
1/30 l	Zitronenfruchteis

Zutaten verrühren. Sorbet mit gehackter Petersilie bestreuen.

Rote-Bete-Sorbet

1 EL	Rote-Bete-Saft
1/30 l	Erdbeerfruchteis

Zutaten verrühren. Eine kleine Scheibe rote Bete ans Glas stecken.

Brennessel-Sorbet

20 ml	Brennesselsaft
2/40 l	Waldmeistereiskrem
	verrühren und ins Glas
	geben
	Sahnetupfen
	Brennesselblättchen

Sellerie-Sorbet

1 TL	Sellerie, püriert
1/30 l	Vanilleeiskrem
	Prise Pfeffer

Zutaten verrühren. Sorbet mit feingewürfelter Sellerie bestreuen.

Bei der eigenen Herstellung in einer Speiseeismaschine wird ein Eismix mit Wein, Likör und Läuterzucker hergestellt, den man in der Eismaschine noch dickflüssig friert und sofort in Gläser füllt und serviert.

Joghurts

Diese Sauermilchart hat sich wegen ihres hohen gesundheitlichen Wertes in Jahrzehnten einen guten Ruf erworben. Das Ursprungsland ist Bulgarien.

Da in vielen Betrieben und Haushalten der Joghurt einen hohen Stellenwert in der gesunden Ernährung bekommen hat, sollen diese Rezepte Anregungen bringen. Bei Verwendung von industriellen Erzeugnissen kann eine Vielfalt an Geschmacksrichtungen erreicht werden.

Mit Hilfe von Joghurtgeräten kann jedermann heute Joghurt herstellen, seine eigene Variante erzeugen. Für viele „Eigenhersteller" ist dies ein Hobby geworden, man hat dabei Spaß am eigenen Produkt, wobei der Herstellungspreis nicht entscheidend ist. „Eigenes" ist auch hier Trumpf.

Joghurt wird mit dem Ferment Maya hergestellt. Durch verschiedene Arten von Milchsäurebakterien wird der Milchzucker in Milchsäure umgewandelt und gleichzeitig das Milcheiweiß verändert. Es wird aufgeschlossen und ist damit für den Magen leicht verdaulich. Die Auswahl an käuflichen Joghurts wird immer größer. Die Hersteller unterscheiden nach Fettstufen. Hinzu kommen noch Bioghurt und Joghurt mit Fruchtzusätzen. Fabriziert wird Joghurt aus pasteurisierter und homogenisierter Milch. Die Milch wird dabei auf 42 Grad Celsius angewärmt. Dadurch können sich die zugesetzten Milchsäurekulturen entwickeln; eine stichfeste Masse entsteht.

Bei Bioghurt werden spezielle Milchsäurekulturen verwendet, welche einen besonders milden Joghurt ergeben. Man kann folgende Joghurts im Angebot unterscheiden:

Magermilchjoghurt: höchstens 0,3 Prozent Milchfettgehalt
fettarmer Joghurt: 1,5 Prozent bis 1,8 Prozent Milchfettgehalt
Vollmilchjoghurt: mindestens 3,5 Prozent Milchfettgehalt
Sahnejoghurt: mindestens 10 Prozent Milchfettgehalt

Beim Einkauf sollte man sich am Verwendungszweck und nicht am Preis orientieren. So wird man z. B. Magermilchjoghurt aus entrahmter Milch bei

Schlankheitsdiät einsetzen. Auch verwendet man gern fettarmen Joghurt, wenn kalorienhaltige Früchte mit verarbeitet werden sollen. Vollmilchjoghurt wird hingegen zur Verfeinerung und Herstellung von speziellen Saucen in der kalten und warmen Küche verwendet.

Als fettreichster Joghurt wird der Sahnejoghurt dort eingesetzt, wo man eine Sauce oder einen Krem besonders sahnig, aber nicht zu fett haben möchte. Der feine kremige Geschmack ist dabei erwünscht.

Eine besondere Kennzeichnung bei Joghurts mit Fruchtzusätzen gibt Aufschluß über Menge und Qualität der verwendeten Früchte. Man kann dabei unterscheiden

Joghurt mit Früchten: mindestens 6 Prozent frische Früchte, bei Zitrone 2 Prozent Fruchtanteil
Joghurt mit Fruchtzubereitung: mindestens 3,5 Prozent Fruchtanteil, bei Zitrone mindestens 1,5 Prozent Fruchtanteil
Joghurt mit Fruchtgeschmack: unter 3 Prozent Früchte. Fruchtzubereitungen und Aromen müssen deklariert sein.

Wer diese Merkmale und Deklarationen beachtet, wird immer die richtige Qualität einsetzen können.

Der Preisvergleich ist damit transparenter geworden.

Joghurtmixgetränke sollen wohl kühl, jedoch niemals zu kalt sein und werden ohne Eis hergestellt. Serviert wird der Joghurtmix mit Löffel ohne Saughalm. Man kann mit einem Mixgerät arbeiten, jedoch genügt zum Aufschlagen auch schon eine Gabel.

Ungemixter Joghurt wird mit frischem Obst oder Dunstfrüchten in kleinen Glasschalen serviert.

Ob mit Frischobst, Dunstfrüchten, Fruchtsirup oder Käse hergestellt, Joghurtspezialitäten sind immer erfrischend und schmackhaft.

Preiselbeer-Joghurtmix

150 g Joghurt
50 g Preiselbeeren, gedünstet
2 TL Zucker
rühren oder mixen

Heidelbeer-Joghurtmix

150 g Joghurt
50 g Heidelbeerkonfitüre
2 TL Zucker
rühren oder mixen

Hagebutten-Joghurtmix

150 g Joghurt
50 g Hagebuttenkonfitüre
1 TL Zucker
rühren oder mixen

Rhabarber-Joghurtmix

150 g Joghurt
50 g Rhabarber, gedünstet
2 TL Apfelgelee
2 TL Zucker
mixen

Joghurtmix blau-rot

75 g Blaubeerjoghurt
1 EL Cornflakes
75 g Himbeerjoghurt
10 g Sahne

Johannisbeer-Joghurtmix

150 g Joghurt
50 g Johannisbeeren
1 TL Sanddornvollfrucht
3 TL Zucker
mixen

Sanddorn-Joghurtmix

150 g Joghurt
2 EL Sanddornvollfrucht
3 TL Zucker
rühren oder mixen

Kirsch-Joghurtmix

150 g Joghurt
2 TL Zucker
4 EL Dunstkirschen mit
Saft darauf geben

Stachelbeer-Joghurtmix

150 g Joghurt
50 g Stachelbeeren, gedünstet
2 TL Quittengelee
2 TL Zucker
mixen

Pflaumen-Joghurtmix

150 g Joghurt
2 EL Pflaumenmus
10 ml Rum
verrühren
Sahnetupfen
5 Dunstpflaumen auflegen
mit Zimt bestäuben

Himbeer-Joghurtmix

150 g Joghurt
2 TL Zucker
20 ml Himbeergeist
verrühren
10 g Sahnegarnierung
4 EL Himbeeren auflegen

Apfel-Joghurtmix

150 g Joghurt
1 TL Zitronensaft
2 TL Orangensaft
1 Apfel, püriert
3 TL Zucker
mixen

Mandarinen-Joghurtmix

150 g Joghurt
2 TL Zucker
4 EL Mandarinen
1 EL Sanddorn
mixen
10 g Sahne

Birnen-Joghurtmix

150 g Joghurt
2 TL Zucker
20 ml Birnenlikör
verrühren
10 g Sahnegarnierung
Dunstbirne vierteln,
auflegen und mit
Zimt bestäuben

Erdbeer-Joghurtmix

150 g Joghurt
1 EL Erdbeermark
1 EL Zucker
verrühren
Sahnetupfen
3 EL Walderdbeeren auflegen

Quitten-Joghurtmix

150 g Joghurt
2 EL Quittengelee
verrühren

Joghurtmix mit Edamer Käse

150 g Joghurt
50 g Edamer Käse, gewürfelt, mit Prise Salz und Paprika mischen.
Garnierung:
Tomate mit roten Paprikascheiben

Joghurtmix mit Schmelzkäse

150 g Joghurt
1/2 Schmelzkäse mit Pilzen
1/2 TL gehackte Petersilie
1/2 TL gehackter Dill
1/2 TL gehackte Zwiebel
verquirlen
Prise Salz
mit gehacktem Schnittlauch ausgarnieren

Es ist selbstverständlich, daß man mit Orangen, Zitronen und Grapefruit, aber auch mit allen Fruchtsäften oder Sirupen genauso arbeiten kann. Auf Zucker abgeriebene Orangen- oder Zitronenschale ist besonders aromatisierend und vorteilhaft.

Register

In diesem Register werden die wichtigsten geschmackgebenden Zutaten in alphabetischer Reihenfolge aufgeführt. Verzichtet wurde dabei auf allgemeine Zutaten wie Sahne, Zimt, Zucker usw.